U0106504

中國歷史故事

湯芸畦 ● 著

責任編輯　　　李　　斌

書籍設計　　　吳冠曼

書　　名　　**中國歷史故事**

著　　者　　湯芸畦

出　　版　　三聯書店（香港）有限公司
　　　　　　香港北角英皇道四九九號北角工業大廈二十樓
　　　　　　Joint Publishing (H.K.) Co., Ltd.
　　　　　　20/F., North Point Industrial Building,
　　　　　　499 King's Road, North Point, Hong Kong

香港發行　　香港聯合書刊物流有限公司
　　　　　　香港新界大埔汀麗路三十六號三字樓

印　　刷　　美雅印刷製本有限公司
　　　　　　香港九龍觀塘榮業街六號四樓 A 室

版　　次　　二〇一八年十一月香港第一版第一次印刷
　　　　　　二〇二〇年七月香港第一版第二次印刷

規　　格　　三十二開（130 × 190 mm）三一二面

國際書號　　ISBN 978-962-04-4385-5

　　　　　　© 2018 Joint Publishing (H.K.) Co., Ltd.

　　　　　　Published & Printed in Hong Kong

出版説明

　　本書以民國三十七年（1948年）新中國書局出版的《中國歷史故事》（合訂本）為底本。全書分上下兩輯，收錄了自上古舜帝到中華民國創立止的中國歷史故事四十則。本書為歷史故事書，重在故事，而非信史。本着尊重作品原貌的原則，編輯未對原書內文做出改動，僅對故事中涉及的部分歷史人物、事件、時間等錯誤，以頁下註的形式進行更正。

　　本書以歷史人物及事件為核心，文字淺白易懂，可讀性強；所選故事亦生動有趣，且觀點平和，毫無說教之感。時隔七十年的再版，既是讓這部被淹沒的歷史故事書重新回到讀者的視野，也是期冀讀者朋友在感受這些故事的精彩之餘，能夠更好地了解故事背後真實的中國歷史。

　　雖經仔細校訂，但限於我們的水平，錯誤與疏漏在所難免，希望讀者隨時指正，以便再版時修改。

三聯書店（香港）有限公司編輯部

目　次

第一輯

第二輯

第一輯

一　舜的家庭生活

　　距今四千一百多年以前，當上古堯帝的時候，有一位姓姚名重華的，他曾在歷山地方耕田。也曾以捕魚為業，又做過煤窰販賣雜貨等事。他的生活是極窮苦，後來接着堯帝的位，做了中國①天子，國號叫做虞，到他死後，後人加他以謚號叫做舜。

　　舜幼時的生活，既然是極其窮苦，而他的命運，也是極其不幸。他的父親是一個極不識好歹的人，人家叫他做瞽叟，以為他雖然有眼睛，卻是和瞎子一樣。他的母親早死，父親娶了一個繼妻。他的命運，從此更遭不幸了，因為他的繼母，生了一個兒子，名叫象，他的父親和繼母，偏偏疼愛象，把舜厭惡到極點。

　　等到象已長大，象又幫助父母為虐，並且時

---

① 泛指中原地區。

常對着父母訴說舜的壞處，弄得父母竟視舜為眼中釘；舜雖百般的順承父母，終歸不能得父母的歡心，祇得常走到野外，向着天大聲號哭。

舜的處境，有這樣的艱難，然而因為他對父母的孝順，和待人的忠實，他的名譽，卻一天一天高起來了。

這時堯帝年老，想找一個有德行的人，來代替他做天子，聽說舜的名譽很好，就把他的兩個女兒：一叫娥皇，一叫女英，都給舜做了妻子，又使他的九個兒子和舜居住在一起，以看舜對待內外的事，究竟怎樣。娥皇女英嫁了舜後，受了舜的感化，絕不敢以為自己是天子的女兒，稍存驕傲之心，就是九個男兒，也受了同化，比較以前，更加誠實。堯帝很是歡喜，就製備了新衣服、七弦琴給舜做賞賜，還命人替舜築造倉廩，又賜給一些牛羊，舜的生活，從此着實充裕了。

瞽叟夫妻和象見舜過這種優裕的生活，心裏很不耐煩，嫉妒和忿怒的心思，便似烈火般燃燒着，就不惜用一種惡毒的手段來對付舜。

一天，瞽叟對舜說：「倉廩壞了，你須得去用泥

塗好，免得老鼠去偷竊穀食。」舜回說：「是」。

那天晚上，舜便把這事告訴娥皇和女英，並且說：「我明天就要去修理倉廩。」聰明的娥皇和女英，即刻見到了瞽叟使舜去修理倉廩的意思。便對舜說：「你在上面修理倉廩，須防他們在下面放火，你如果能學鳥類的飛行，便沒有危險。」當晚舜和娥皇女英共研究了飛行的方法。

第二天，舜預備好了，帶着泥和鍬等件，去修理倉廩。瞽叟在先也預備了茅草等物，堆積在下面，等到舜在上面修理倉廩的時候，便在下面放起火來，一時火光熊熊，眼見得舜馬上就要被火燒死。但是舜早已預料有這回事發生，所以研究了飛行的方法，一眼望見火光衝天，截斷歸路，便把先預備的雨傘兩柄，一個手腋下夾着一柄，學着鳥飛一樣，乘勢望空飛下，果然輕輕地落在地上，沒有受到絲毫的損傷。

象對瞽叟道：「爸爸，你這計策不好，他可以跳下來，所以治他不死。」瞽叟說：「你有什麼好計策呢？」象回說：「倉廩上四圍都是出路，所以容易逃脫，如果引他到地下，便沒有方法可逃，下次你可

以命他去洗滌井中污穢，我們在上面塞住井口，那還怕他不死嗎？」瞽叟稱讚道：「你這計策很妙。」

過了好久，瞽叟命舜去洗滌井中污穢。舜是一個素來承順父母的人，明知父親的立意不好，總不能不應允，於是又和娥皇女英商議怎樣對付。娥皇女英教舜在井的旁邊，開一個隧道，和另外一個井相通。以便從這個井口進去，再由另外一個井口出來。舜就急忙預備，秘密開了一個隧道，除兩個妻子以外，沒有一個人知道。

這天，舜遵父親的命，走入井中，去洗滌污穢。瞽叟和象，以為機會到了，忙的挑了許多泥土，塞入井中，把一個井口封閉得堅堅固固，舜的消息，一點也沒有了。象以為舜一定死了，便很歡喜的說道：「這次弄死哥哥，全是我的功勞，哥哥的牛羊和倉廩，應歸父母，哥哥的琴應分給我，兩個嫂嫂，應和我同居，做我的妻子。」一面說着，一面走到舜的住室，要去取。不料舜當他們挑土塞井的時候，早已一溜煙從另外一個井口跑出來，回到自己的室中去了。等得象走入舜的室中，卻望見舜坐在床上，正在彈琴，於是又驚駭，又慚愧，急得

半晌說不出來話來，吞吞吐吐的對舜說道：「我很思念你，特來看你。」舜也不動聲色，好像沒有這一回事，從容回答道：「我的事情很多，我正望你來幫助我。」

從此堯帝完全知道了舜是一個忠孝的人，就命他做一個掌教化的官，所有百姓都受舜的感化，能盡為人子弟的職務，真是天下太平，沒有一點亂子發生。後來舜又做了辦理外交的官，遠方外國也欽仰舜的德行，都來歸服。舜的成績，既有這般優良，堯帝因為年老，實在不能辦事，就命舜代行天子的事務，自己居閒養老。過了二十八年，堯帝死了，舜就實行做了中國天子，把一個中國治理得有條不紊，百姓安樂，所以歷史上極加讚美，盛稱「堯舜之世」。

舜做了天子以後，對於瞽叟仍是恭謹的事奉，對於象依然加以友愛，還封象做有庫國的諸侯。他能這樣孝友，不記舊怨，所以後人都稱舜是大孝。

二　夏少康的中興

夏朝自禹王傳位於他的兒子啟以後，中國帝王便成為世襲制度。啟死後，又傳位於他的兒子太康。這太康專好田獵，不顧國事，國勢就漸漸衰弱了。

這時候，有一個諸侯單名叫羿[2]，生得力氣很大，手臂很長，從了當時一個射箭有名的伯吉，學會了射箭的方法，而且他的射法比較他的師傅還要高明。相傳羿能射落早上的太陽，這雖是言過其實，卻是形容他的射法高妙。在這槍礮沒有發明時代，有了這種武術，真可稱雄一世了。他仗着自己有這樣的武技，便想奪取夏朝的天下，乘着太康出外打獵時候，帶了多人，截住太康的歸路，不許太康回國。可憐太康如何是羿的敵手，祇得棄了王

---

② 雖同樣善射，但此處的羿非傳說中射落太陽的羿。

位，流落於外。夏朝因為太康沒有回國，就立了太康的弟中康為天子，中康做天子不久，就病死了，傳位於他的兒子相。

羿自逐走了夏朝天子太康以後，志氣更加驕傲，並且憑着自己的射法，無人敢敵，就決定了吞滅夏朝的意思，帶領許多人馬，去攻打夏朝。沒有幾天，就逼進夏朝的宮裏，把夏帝相又逐走了，其餘夏朝的臣子，殺的殺，逃的逃。還有帝相的后妃是有仍國的女兒，她這時腹中方懷有孕，從狗竇[3]裏逃出，逃回有仍國去了。

羿滅了夏朝之後，自稱天子，國號有窮，用寒浞做宰相。這寒浞是一個極兇惡的人，他曾經被他的父親逐出來的；但是羿非常信任他，把國事盡委他辦理，而自己又和太康一樣，專好田獵，不顧國事，常在山中，獵取野獸，以為快樂。

一天，寒浞乘着羿沒有防備的時候，把羿刺殺了，自己立為天子。當時的朝臣，因為寒浞大權在握，都不敢反對，便奉了寒浞為天子。寒浞殺了羿

───────────────

③　即狗洞。

之後，還要表示他的惡毒手段，把羿的屍體，切成片片，煮做羹湯，賜給一些朝臣嘗食，這意思是想藉此壓服一般反對的人。而且特地送一碗給羿的兒子；這羿的兒子因為是父親的肉，那裏忍食，但是又恐違了寒浞的命令，祇得立刻自殺了。

寒浞又佔據了羿的妻子，做自己的妻子，生了兩個兒子，一個名叫澆，一個名叫豷。這澆的氣力絕倫，能夠推了船在陸地上行走。

夏帝相自被羿趕走之後，逃居在商丘地方，倚靠了一個同姓諸侯斟尋國做保護。寒浞恐怕帝相將來報仇，就命他的兩個兒子澆和豷，領兵去滅了斟尋國，同時把夏帝相也殺掉了。從此寒浞心滿意足，以為再沒有人敢反對他了。

夏帝相的后妃逃歸有仍國後，不久便生了一個孩子，當這孩子的父親——夏帝相——在斟尋國被澆所殺的時候，這孩子的年齡，還不過是十餘歲；在這十餘年間，因為他們父子都在避難時期，不敢出面，所以兩地相隔，父子們從來沒有見過面的。一個人沒有見過父親，這是怎樣痛心的事，何況這孩子的生性聰敏，志氣卓絕，的確是一個有為的孩

子呢！這孩子的名字便叫少康。

少康當他懷在娘胎裏時，一直到他成長，真算是飽經患難，但是他的志向便因此確定了，他決不做一個懦弱無能的人，他要恢復從前的夏朝，他要洩殺父的仇恨，以他這時一個靠着外祖家養活的人，要做這樣的大事，這是何等的艱難哩！

一個夏朝的老臣名叫靡，也是被羿逐走出來的，滿懷着孤忠，要想恢復夏朝，但是沒有機會。他聽得少康年少志大，確實有為，便自己走到有仍國。一見少康，果然一表非凡，才高智廣，便盡力幫助少康共謀恢復的方法。

斟尋國被寒浞滅了之後，一部份志士幾次想圖反抗，但是壓服在寒浞威力之下，終於沒有反抗的能力。夏臣靡知道這個消息，便由有仍國來到斟尋國，聯絡了該國的志士，共同以打倒寒浞，擁護少康復國為事，就把斟尋國一個地方做根據地，招集兵馬，揭起夏朝的旗幟。這夏朝自禹王治水，對於百姓有很大的功勞，至今還是令人思念，一見夏朝的旗幟，就響應的很多，沒有好久，集合了數千人馬，還有許多的舊臣也來歸附，聲勢漸漸浩大，少

少康與靡商量復國的方法

康便來居中指揮，藉着人心的歸附，便興兵攻打寒浞，這寒浞的兵不戰自散，寒浞勢孤力單，頓時被亂兵殺了。寒浞的兩個兒子，和他的一班黨羽，也統統都被殺死。

寒浞亡了，諸侯就奉少康復國為天子。少康勵精圖治，把國事治理得很好，使得人民安樂。人民從前感受寒浞的殘暴，如今過着安樂的日子，個個歌功頌德，於是夏朝的國勢便復興了。

夏朝自經羿、浞兩人的篡奪，失國有四十年之久，至少康方纔恢復過來，這便是歷史上所稱的「夏少康中興」。

三　商紂的殘暴

　　商朝自湯王放桀，立為天子以後，大約過了六百年的光景，傳到紂王。

　　紂王名受，他的生性聰敏，善於臨機應變，更兼高談雄辯，議論滔滔，口才好得非凡。即使他有時做錯了一件事，他能設法掩飾過去，如果有人說明他的錯處，他便滔滔不絕的辯論，說出他的正當理由，比人家勸諫他的，還要充足，所以一般人都不敢去勸諫他。他自己也以為才高眾人，便藐視一切了。他還有驚人的本領，他的氣力絕倫，說出來，恐怕現在所稱的大力士，沒有能夠比得上的。山中有猛獸，他用徒手可以捉得回來。有一次，他表演他的大力，拖了九隻牛的尾巴，一齊往後退走，使得看的人都駭嘆不置。

　　紂王的妻妾很多，內中有一個妲己，是他最心愛的一個。這妲己生得如花似玉，真是天仙一般，

並且言語宛轉，嬌媚動人，把一個紂王誘惑得昏迷不醒，心中目中祇有妲己了。他為要得到妲己的歡心，搜盡天下的珍奇寶貝來供奉妲己。他為了要和妲己共同快樂，便築造了一個樓臺，名叫鹿臺，雕樑畫棟，真是華麗得非常，把天下所有的奇物寶玩珍禽異獸，蒐集起來，陳列在鹿臺之內。又收聚了一些青年男女，教會他們唱歌跳舞，以供他和妲己做娛樂之用。

這時紂王的臣下有三個公爵：一個是西伯昌，一個是九侯，一個是鄂侯，稱為三公。九侯的女兒，給紂王做了妃子，她的為人性格幽靜，行為大方，對於平常女兒的嬌媚狀態和恣情的快樂，她是最厭惡的。可是紂王偏要逼她去和妲己一同作樂，她便堅決的反對，引得紂王怒氣大發，便把她殺死了，而且遷怒於九侯，一併把九侯也殺了。當紂王要殺九侯的時候，鄂侯極力討保，說這不是九侯的罪過，堅請紂王釋放，紂王更加大怒，併鄂侯也一起殺了。祇有西伯昌，知道紂王是不可進諫，便不說話，但是回家之後，也為這事長吁短嘆。紂王的心腹崇侯虎，聞得西伯昌在家長吁短嘆，便告訴了

紂王。紂王立刻把西伯昌幽囚在羑里地方。當時西伯昌很得人心的歸附，一些人都稱西伯昌為聖人。紂王說：「做聖人的人，總不會吃他自己的兒子的肉，我便要試試他是不是聖人。」於是將西伯昌的大兒子伯邑考殺了，烹做羹湯，送給西伯昌吃，西伯昌果然吃了，紂王說道：「西伯昌怎麼做得聖人，連他自己的兒子的肉，還不知道呢。」由是紂王對於西伯昌防範的心思，便鬆懈了。西伯昌的臣子閎夭等在外徵集了一些美女奇物駿馬……貢獻紂王，請求釋放。紂王喜歡，纔將西伯昌釋放了。

紂王和妲己共同研究快樂的方法，在酒食遊戲上，已算是普遍了，竟異想天開，作出把人命為兒戲的快樂來。他們置就一個銅柱，裏面把炭火燃燒了，令犯罪的人，爬上銅柱，禁不住銅柱上燒得滾熱燙人，立即跌下，跌下了又逼迫上去，如此一上一下，不到幾次，那人便燒死了。紂王和妲己看了，倒覺得以為快樂，這便叫做「炮烙刑」。

一個嚴寒的冬季裏，下着大雪，結了堅冰的時候，有錢的人們，自然在家裏擁爐取暖，決不會出外受風霜的。祇有那勞工苦力們，不管是風裏雪裏

作炮烙的刑罰

水裏，他們還是要工作的。這種理由，衹要是稍知人事的，大約可以了解，不料紂王和妲己不能了解這個理由，做出無聊的事來。

他倆在這樣一天早上，見一個人赤着腳在河裏行走，他倆竊竊的私議道：「這樣的冷天，他還赤腳在河裏走，怎麼不冷呢？莫非他的腳骨和常人不同嗎？」即刻拿了這人將腳骨斫斷，看了並沒有和常人不同的地方。

還有懷了孕的婦人，他倆看了，也覺得以為奇異，用解剖法來考察這種奇異。一次，捉得一個懷孕的婦人，將腹部剖開，可憐衹送了一大一小的性命，可是於生理上，並沒考察得甚麼出來。

紂王還有三個忠實的臣子：一個是微子，一個是箕子，一個是比干。

微子見了紂王施行種種暴政，他着實用苦口進諫了好幾次，但是紂王當作耳旁風，幸而沒有觸發紂王的怒氣，不然，也險些兒要遭殺身之禍了。微子知道紂王惡貫將滿，馬上要自取滅亡，實在沒有辦法，衹得棄了官爵，逃向遠方去了。

箕子是一個正人，因為不肯附和紂王的作惡，自己覺得很是危險，就假裝出瘋狂的病，不問國事了。後來紂王知道了箕子的瘋狂是假病，便將箕子幽囚在牢獄裏。

　　比干見了微子逃去，箕子幽囚，憤然的說道：「做臣子的人見着君主的過失，不去強諫，那還是忠臣麼？怕死不諫，那還稱得勇士麼？君主有過，就要去諫，諫了不聽，就繼之以死，這纔是做臣子的道理。」於是走進朝裏，痛說紂王的過失，一連三日，沒有退朝。紂王問道：「你這樣說我的過錯，你自信你所守的是什麼？」比干回答道：「我所守的是要修善道，行仁政，凡事要合乎道理的纔做去。」紂王說：「你這樣的行仁義，豈不是成了聖人麼？我常聽人說：『聖人的心，有七個孔竅，』我倒要看看你的心是不是有七個孔竅？」就命人殺了比干，剜出比干的心來。

　　西伯昌的兒子，就是周武王。那時西伯昌已死了，武王接着做西伯，見了紂王這樣的暴虐，百姓痛苦不堪，於是要替民除暴，就率兵來討伐紂王；

一時各方諸侯響應的有八百之多。紂王自己率兵禦敵，打得大敗，要想逃走也沒有地方逃走了，祇得走上鹿臺，自己用火燒死。

（四）周幽王的失國

周朝自武王伐紂以後，被各方諸侯尊為天子，建都在長安，稱為西周。在這西周時，有周公、召公共同治理國家政事，把禮儀官制，詳細的定出制度，中國的文化，到了西周纔得稱為極美備的時代。後來西方的犬戎作亂，周朝遷都避亂，國勢也從此不振了。

幽王便是西周末了的君主，因為他沉迷女色，召出犬戎之禍來，身死國蹙，到他的兒子平王，遷都到洛陽，以避犬戎之禍，此後便稱東周。

幽王本娶了申國之女為后，叫做申后，生了一子，名叫宜臼。照周朝的制度，王后的長子，應立為太子，日後國王死了，就由太子繼位做國王的，所以這宜臼，自然被立為太子。

一年，幽王親自領兵去討伐褒國。褒國見着天子親來討伐，很是恐怕。這時幽王用了虢石父做上

卿的官，這虢石父為人，善於巧言，最會迎合的，所以幽王很加信用。褒國便送了虢石父許多金寶，請虢石父代向幽王求情，願貢獻美女珍寶，以贖罪過。幽王許了，便退兵回朝。

這褒國所送美女之中，有一個名叫褒姒，是一個絕色的美女。說起這女的來由，有些近乎神話，但是古代的歷史，神話一類的事也多，何妨說說，也覺有趣呢。

原來這褒姒的來歷，還遠在千餘年前的夏朝呢。相傳在夏朝時，夏帝的朝廷上，來了兩條龍，夏帝就卜卦質問：是殺掉的好呢？還是逐走的好呢？還是留住的好呢？這卦的爻詞上，都不贊成。最後夏帝又問：將二龍所吐的涎沫，用木櫃藏好保留着，如何？這櫃自夏朝亡了，傳之於商，商朝亡了，又傳之於周，歷千餘年，從來沒有人開發過，直到周朝的厲王（幽王的祖父），他的好奇心重，定要打開它來看個究竟。待厲王開發時，這櫃裏的龍涎，流遍在朝廷之上，好似活的物一般。厲王大驚，以為妖怪，使了一些婦人，盡行裸體，嘴裏噪喊，想去趕走她，那龍涎果然有些害怕的模樣，立

刻變成了一個黑色大甲魚，往皇宮裏逃走。這時皇宮恰有一個七八歲的侍女遇着，那甲魚忽然不見了，從此這侍女的腹中，便覺藏有一物，漸漸膨大，等到這侍女十八歲的時候，便產生一女。宮中的人都以為這侍女沒有夫婿，生下這私生女，並且知道來歷，的確是一個怪物，所以認為不祥，就將這生下的女孩，丟在野外。

在這侍女生下女孩的時候，厲王已死，宣王即位，這時的國都長安市上，有一班小孩，也不知是個什麼人，教了這些小孩，唱一個童謠，那詞道：「檿弧箕服，實亡周國。」這個歌的意思，是說桑木做的弓，箕木做的箭，可以滅亡周朝的天下。宣王聽了這個歌謠，便下令禁止人民售賣桑弓箕箭。

一個專以桑弓箕箭為業的人，他住在鄉下，不知道城裏鬧了這個把戲，他和他的妻子，背着桑弓箕箭，照常到城裏去叫賣。忽然遇着這個巡查的兵士，要上前去捉拿他們，他倆嚇得莫名其妙，登時把弓箭丟了，就不辨方向的沒命逃跑，跑到一個僻靜的荒野。正想休息休息，忽然聽得嬰孩的啼哭聲，他倆照着聲音所在去尋，見是一個女孩，知道

是被人丟掉的，便大發慈悲，抱起這女孩，留待養着，帶了一起逃走，一直逃到褒國去了。這女孩想閱者都還記得就是周朝宮中侍女所生的怪物，被宮人丟在野外的。

這女孩自經賣弓箭的夫婦養着，養到十七八歲時，長得異常美麗，真正是絕世佳人。恰逢褒國要選美女去貢獻周幽王，就選中了她，到了周幽王的宮裏，稱為褒姒。幽王見了褒姒，大加寵愛，加之褒姒又善於媚惑，弄得幽王真是不知要怎樣供奉褒姒纔好。後來褒姒生了一子，名叫伯服。

幽王得了褒姒以後，一心一意祇在褒姒身上，把從前的妻子申后，竟視同眼中釘。又要圖得褒姒的歡心，就不惜變更周朝的制度，把申后的皇后廢掉，立褒姒為皇后，還將宜臼的太子也廢掉，立伯服為太子。

褒姒雖然生得美麗，但是不大好笑，若得褒姒一笑，那種嬌媚狀態，真要令人魂飛九霄之外，所以幽王雖百般的引逗褒姒發笑，但是總難得褒姒一笑。

周朝時候，天子國都的附近，都設有烽火，這是預備一旦有警，召集各方諸侯來救護天子的。

周幽王引褒姒發笑

幽王因為要引逗褒姒發笑，就想到這烽火上來。一天，他和褒姒兩人，正在沒事閒聊着，令守烽火的人，舉起烽火來。那些各方諸侯，見了烽火的煙焰，以為是國都有警，馬上率領兵馬，沒命的奔跑，趕來救護天子。那褒姒一見了這些諸侯和兵馬，現出倉皇的態度，無緣無故的沒命跑來，不禁嫣然笑了。這些諸侯來到國都，不見動靜，也莫名其妙，後來纔知道是引了褒姒發笑的。

申后的父親申侯，怨恨幽王廢了她女兒的皇后，早已懷着報復的心思。又見了幽王沉迷女色，不顧國事，就決定乘機發動，於是勾結犬戎，一同舉兵，來犯國都。幽王正在愛戀褒姒，對於軍事上，那裏有甚麼防備，等到申侯和犬戎的兵來了，祇得舉起烽火，召集各方諸侯來救護。那知各方諸侯以為又是引逗褒姒發笑的，便沒有一個應召而來的，那犬戎的兵，異常兇殘，闖入京城，把幽王殺了，擄了褒姒，還大肆劫掠周朝的銀物，方才退去。

幽王死後，周朝仍立了舊太子宜臼為王，稱為平王。此後犬戎時來侵犯，平王遷都到洛陽，以避犬戎之禍，而周朝的國勢，從此便一蹶不振了。

五 齊桓公的霸業

　　周朝自武王建國以後，大行封建制度，分割土地，封了一些同姓和有功的臣子做諸侯，子孫世襲，原是想他們同心協力，來保護王室的。在西周時，天子的勢力強大，諸侯不敢不唯唯聽命；一到平王東遷以後，天子的勢力衰弱，諸侯漸漸強大，天子的命令不行，反而要受諸侯的欺侮。諸侯之中，大的就欺侮小的，強的就苛待弱的，自相殘殺，自相吞併，成了一個祇有強權不顧公理的時代。孔子生在這東周時候，見了當時的紛擾，強權的橫暴，就把當時的事跡，和諸侯的善惡，都記載出來，著成一部書，叫做《春秋》。所以這個時期，後人又叫做「春秋時期」。

　　在這紛亂時代，祇要一個有強權而能稍講公理的，便可以為一般人所推崇、所擁戴，稱為霸者。所以當春秋時，局面雖然紛亂，幸而出了幾個霸

者，負起維持大局的責任，一般弱小者得到稍許保障，強大者不敢肆意欺人了。齊桓公便是這春秋時期霸者之中最有名的。

齊國本是一個大國。姜太公佐武王定天下，武王封太公於齊，傳至齊襄公，國家的政事很壞。襄公又沉迷女色，任意殺人，齊國的臣民，沒有一個不痛恨襄公的。襄公有兩個弟弟，一個是公子糾，一個是公子小白。見着國事如此，將來必有大禍。公子糾便和他的臣子管仲、召忽，逃到魯國，因為他的母親是魯國的女，所以暫往外祖家避禍。公子小白也和他的臣子鮑叔牙同逃奔莒國去了。

自他們走了之後，齊國果然發生禍亂，齊公孫無知乘着襄公沒有防備，攻進宮中，把襄公殺了，自己立為齊君。但是沒有好久，公孫無知又被他的仇人所刺殺了，於是齊國沒有君主，一些朝臣正謀在幾個公子中選立。

魯國聽得這個消息，便要送公子糾回國，立為齊君。但是在公子中能和公子糾競爭的，祇有公子小白。於是魯國一面發兵送公子糾回國，一面派了管仲率領兵馬去遮斷莒國至齊國的道路，抵禦小

白。小白被管仲射了一箭，中在帶鈎的上面，幸而沒有損傷，小白便假裝被管仲射死，載入車中，乘着管仲沒有防備，秘密的逕回齊國去了。管仲以為小白已死，便使眾人馳報魯國。魯國護送公子糾的兵，也信着小白已死，便緩緩的而行，經過六日，纔得到達齊國的境界。

小白入了齊國，便為齊國的大夫所擁戴，被立為國君，是為桓公。立刻發兵去抵禦魯兵，齊兵和魯兵在齊國乾時（在今山東博興縣南）地方相遇。魯兵被齊兵打得大敗。

桓公因被管仲所射，心裏銜恨刺骨，這次打敗了魯兵，定要殺了管仲，以洩積忿。鮑叔牙對桓公說道：「君祇要治理齊國，就有叔牙和高傒夠了；若欲圖霸王之業，那就非管仲不可。管仲所在的一國，那國必然為世所重，這種大才真不可失掉了。」桓公信了鮑叔牙的話，就寫信給魯國道：「公子糾是我兄弟，我不忍殺，請魯國代我殺了；管仲、召忽是我的仇人，請魯國送還給我，待我殺了，得以甘心。」魯國是戰敗國家，接到了這信，不得不遵命照辦。就把公子糾殺了，召忽也自殺了。管仲和鮑

叔是平日極相知的朋友，知道鮑叔必然會薦用他，就自己請囚。於是魯國用囚車送了管仲到齊國來。桓公派了鮑叔牙去迎接，一到齊國的境界，鮑叔親自解了管仲的束縛，引回齊國，同去見了桓公，桓公大喜，命管仲為宰相。

管仲治理齊國的政事，注重富國強兵，實行全國皆兵的制度，令每家出兵，五家為軌，十軌為里，四里為連，十連為鄉，定為軍令，使大家遵守。又定出錢幣制度，聽人民鼓鑄，還藉着齊國濱海的地勢，獎勵人民捕魚之業，及煮海為鹽，當時中國魚鹽之利，盡被齊國人民握着了。不到幾年，果然齊國國富兵強，一躍而為當時的頭等國了。

齊國的國勢既然強盛，就興兵滅了鄰國。又出兵打敗了魯國，魯莊公請割地求和。齊桓公允許在柯（今東阿）和魯莊公相會訂盟。

魯國的將軍曹沫，從前和齊國打了三次敗仗，每次敗仗之後，都是割地求和。他心裏異常憤激，務必要報仇雪恥，奪回魯國的失地，雖然力量不及齊國，他卻不以此自餒，憑着自己的熱血，灑在齊國的境地，作恢復失地的企圖。如今機會到了，恰遇着魯莊

曹沫乘機劫桓公

公去齊桓公相會，他便隨着魯莊公一同去到會。

柯地本是齊國的境地，魯莊公到達此地，齊桓公也來了。盟會的儀式，是用土築一個三尺高的壇，兩國的君主，都在壇上訂盟。曹沫眼見得此次的盟會，魯國又是要割棄土地，就不禁憤火中燒，怒髮衝冠了。等到兩君訂盟的時候，曹沫離開自己的席位，趨至壇前，一手牽住齊桓公的衣袖，一手抽出雪白鋒利的匕首，準對着齊桓公說道：「請你給還我們魯國的失地。」齊桓公登時嚇得發抖，忙回說道：「我承認盡還給你們魯國的失地。」於是曹沫棄了匕首，恭恭敬敬的仍然退到自己的席位。

齊桓公受了曹沫的威劫，一時承認了給還魯國的失地，但是後來心裏悔恨，定要殺曹沫以報威劫的恥辱。管仲諫說道：「君殺了曹沫，不獨失信於魯國，而且失信於諸侯，那就所失的比較土地還要多呢。」齊桓公信了管仲的話，就將曹沫三敗所割的土地，盡還給魯國。於是各方諸侯聽了這事，都感桓公的威德，盡來歸附了。

這時楚國是很強盛的，仗勢欺人，吞併了許多小國，她雖處在南蠻之地，她的勢力卻伸入中國

了。齊桓公便興兵伐楚，責備楚國不來周朝朝貢；楚國也懼怕齊國的兵威，不敢和齊國對敵，便和齊國訂盟講和。因此中國的諸侯，沒有一個不懾服齊國的威力，都向齊國歸附。齊桓公便群集各國諸侯在葵丘開會，自己為盟主，訂立許多條約，大意是尊奉周朝，攘除夷狄，諸侯不得自相攻殺，還有許多關係國家內政的，各國諸侯都遵命簽字。這是當時霸者無上的威權，對於周朝的天子，不過是名譽上的推崇罷了。像這葵丘的會，齊桓公召集過九次，各國諸侯沒有一個不唯唯聽命。所以齊桓公的霸業，是當時極盛的了。

齊桓公用了管仲，纔能得着這樣的霸業，這是他能夠任用賢才的好處。但是他有兩個最寵愛的臣子：一叫豎刁，一叫易牙，這是兩個作偽的小人，桓公卻異常親信。原來易牙是在宮中做烹調的人，桓公偶然有病，不思飲食，易牙殺了自己的兒子，烹做羹湯，進獻桓公，桓公吃了，覺得異常鮮美，後來桓公病癒，知道這個緣故，所以對於易才，便加以極端的寵愛。豎刁是自受閹刑，請求入宮為內監來服侍桓公的，所以也得桓公寵愛。

管仲病了，桓公親自去看病，並且問他道：「君將怎麼教我呢！」管仲回說：「請君不要親近豎刁、易牙。」桓公說：「易牙烹了兒子的肉給我食，那還相信麼？」管仲說：「人情沒有不愛兒子的；他自己的兒子尚且不愛，還能愛君麼？」桓公又說：「豎刁自己受了閹刑來侍奉我，那還可疑麼？」管仲說：「人情沒有不愛自己的身體的；他自己的身體尚不愛，怎能愛君呢！」後來管仲死了，桓公終沒有聽從管仲的話。

管仲死後一年，桓公病了，很是危險，豎刁、易牙奉了衛共姬的兒子公子無詭作亂，把宮門閉塞，不許一人入宮。有一婦人踰牆入了宮中，走到桓公的病室。桓公說道：「我要食物。」婦人說：「沒有。」桓公又說：「我要飲水。」婦人說：「沒有。」桓公說：「為什麼飲食都沒有呢？」婦人回說道：「易牙、豎刁興兵作亂，閉塞宮門，不許入宮，所以沒有。」桓公聽了，慨嘆兩聲，眼淚直迸的說道：「管仲真是聖人，我悔不聽聖人的話，若死後有知，我有何面目見管仲呢？」就把衣袖蒙着頭面而死了。

桓公死後，諸公子爭立，鬧了很久的禍亂，國勢因此不振，齊國的霸業也從此失掉了。

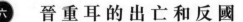

六 晉重耳的出亡和反國

　　繼着齊桓公而立霸業的，便是晉文公。這晉文公的霸業，全是從險阻艱難中得來的，他在少年的遭遇，真是困苦萬分。然而因為他受了這種困苦，纔能和惡勢力奮鬥，造出這轟轟烈烈的霸業來。如今且聽敍述這段歷史。

　　晉國本是周朝的同姓諸侯，也是列國中的大國，當齊桓公稱霸時，晉國的君主是獻公。獻公的兒子很多，以太子申生和公子重耳、公子夷吾的才學較好，能得獻公的歡心。後來獻公伐驪戎，得了驪戎的女，名叫驪姬，異常寵愛，驪姬因為忌刻三子的才能，常對着獻公說三子的壞話，因此獻公對於申生、重耳、夷吾漸漸的疏遠了。

　　過了幾年，驪姬生了一子，名叫奚齊，驪姬陰謀立奚齊為太子，對於申生、重耳、夷吾更加忌刻，便勾結黨羽，極力讒害。獻公受了驪姬和左右

的蠱惑，就有意要廢掉申生，立奚齊為太子。於是獻公說道：「曲沃（今山西聞喜縣）是我宗廟所在的地方，蒲城偏近秦國，屈城偏近翟國。這三處都是重要地方，若沒有親信的人鎮守，我很不放心。」便命了太子申生居曲沃，重耳居蒲，夷吾居屈。從此三子都被攆居外方，都中祇有奚齊母子，除卻多少耳目的妨礙了。

驪姬既把申生等攆出外方，心裏還以為不足，非把他們置之死地，不足以成就她的陰謀，於是定下了毒計，要來害死他們的性命。

申生是獻公夫人齊姜所生，齊姜早已死了。一天，申生入朝，驪姬對申生說道：「你父親夢見齊姜來求血食，你可速歸設祭，以盡你的孝意。」申生聽了，忙回曲沃，在宗廟中祭祀他的母親齊姜，祭畢之後，又送了胙肉奉獻獻公，獻公恰在外面田獵去了，將肉放在宮中。驪姬使人置毒藥於胙肉中，等得獻公田獵回來，庖人把胙肉烹好，獻公正待要嘗食，驪姬從旁止住道：「這是自外面來的肉，須得先行試驗。」忙取了一塊放在地上，地上即起了一個堆；又取了一塊給犬食，犬立刻死了；又取了

一塊給一個小臣食，小臣也即刻死了。驪姬哭泣說道：「這是太子厭惡我母子，定下這條毒計。」申生聽了這個消息，忙回曲沃，重耳、夷吾這時也在朝，恐怕禍及，也不辭而去，各回蒲、屈去了。

申生回到曲沃後，有人對申生說道：「這個毒藥，明明是驪姬放的；如果是你放的，豈有放了藥毒的胙肉，置在宮中數日，還不腐壞麼？你怎不把這理由申辯呢？」申生答道：「我君沒有驪姬，寢不安席，食不甘味，若是我申辯出這理由，驪姬必然得罪，我君年紀已老，我心又不安了。」那人又說道：「那你須逃到外國去。」申生說：「我蒙了這惡名，有誰能容我這弒父弒君的臣子呢？我祇有自殺的一路可走呢。」申生果然在曲沃自縊死了。

申生既死，驪姬又對獻公說道：「重耳、夷吾都和申生同謀。」於是獻公命了寺人④披帶兵去伐蒲城，同時又發兵去攻屈城。蒲城人聽得寺人披領兵來伐，便要準備禦敵，重耳說道：「這是我君父的命令，不可對敵；如有對敵的，便是我的仇人了。」

---

④ 宮中侍御的宦官。

所以寺人披的兵，就逕衝入了蒲城，重耳踰牆逃走，寺人披追上，一劍斬斷了重耳的衣袖，幸而沒有傷着身體，重耳纔得逃到翟國去了。夷吾知道晉兵來攻，便和屈城人一同堅守，晉兵攻打不下。過了一年，獻公命了大夫賈華率領大兵，前來攻打，夷吾抵敵不住，就逃到了梁國。

過了幾年，晉獻公死了，驪姬的黨羽正待要立奚齊為君，晉大夫里克謀召重耳、夷吾回國，就把奚齊殺了。驪姬的黨羽又立了奚齊的弟卓子為君，里克又把卓子殺了。於是晉國混亂，使人去迎重耳，重耳不肯回國，又使人往梁國迎接夷吾，夷吾得着秦繆公 [5] 的幫助，派兵送回。夷吾入國，做了晉君，是為惠公。

惠公當國以後，國政很壞，又乘着秦國的饑荒，背棄前恩，出兵攻打秦國，反被秦國打得大敗。後來惠公死了，惠公的兒子懷公即位，國政更壞，於是晉國的大夫又謀召重耳回國。

重耳最好賢士，當他出走翟國的時候，有賢士

---

⑤ 又作秦穆公，春秋時秦國國君，為「春秋五霸」之一。

趙衰、狐偃、咎犯、賈佗、先軫跟着隨行。惠公因為見重耳在翟，心裏恐懼，命了寺人披至翟國謀殺重耳。重耳聽了這消息，便和趙衰等商議，一同逃往齊國。先由翟國起行，經過衛國，衛文公不加招待。重耳走到五鹿地方，肚裏飢餓，向野人乞食，野人給重耳一塊土，重耳大怒，要去鞭打那野人，趙衰阻止道：「得土是得國土的先兆，君還應當拜受呢。」由此便到了齊國。齊桓公很為優待，送給馬八十四，又把齊國宗室的女，嫁重耳為妻，重耳在齊國住了五年，心裏戀着齊女，不願再行。趙衰和咎犯在桑樹下商量勸重耳走的方法，被齊女的侍婢聽得了，侍婢告訴了齊女。齊女恐怕侍婢洩漏，齊國要加阻止，就將侍婢殺了以滅口，並且勸重耳速行。重耳回說：「人生得安樂便了，何必作他種貪圖，我願老死此地，不願他往了。」齊女說：「你是一國的公子，窮困來到這裏，你的幾個從者都靠着你為命，你不速謀回國，建立功業，報答他們的功勞，反而戀着我一個婦人，我真替你慚愧呢。」重耳仍是沒有去意，齊女便和趙衰等商議，乘着重耳酒醉，載入車中，出了齊國。重耳酒醒過來，覺

着已離開了齊國。大發怒氣，抽出刀來，便要殺咎犯。咎犯說：「殺了我能成就你功業，那是我所願意的。」重耳說：「若是事業不成，我要食你的肉呢。」咎犯說：「事若不成，我的肉腥臊得很，何足食呢？」重耳纔息了怒氣。

重耳出得齊國，便到了曹國，曹共公不禮。又由曹國到了宋國。宋襄公極加優待，以國君的禮，款待重耳。重耳以為宋是小國，不足以為援助，不能久居，便去了宋國，經過鄭國，鄭文公也不加禮。於是到了楚國，楚成王以諸侯的禮，款待重耳，一切供應，異常優厚，重耳反覺得侷促不安。成王問重耳道：「你若得回晉國，將何以報我呢？」重耳說：「玉帛珍寶，都是君地的產物，真沒有什麼可以報答君王的。」成王說：「你總得有以報我呢。」重耳說：「我若叨君之福得回晉國，將來晉楚兩國交兵中原的時候，我當退避君王三舍（三十里為一舍），以此為報。」楚國將軍子玉聽了重耳的話，知道其志不小，就請成王殺了重耳，以絕後患。成王說：「以晉公子的賢德，久困於外，又得着才士相從，這是天所成就的，我怎敢殺呢！」重耳在楚國，

齊女送公子重耳出國

住了幾個月，秦國使人來召重耳，重耳便由楚國到了秦國。秦繆公也極加優待，以秦宗室的女五人嫁給重耳為妻室。

這時晉惠公已死，懷公即位，晉大夫感着懷公的國政不修，陰來勸重耳回國。秦繆公也極加贊成，願盡力幫助，於是秦繆公發了秦兵護送重耳回國。晉兵不敢抵敵，又得晉大夫為內應，重耳便得入了晉國。懷公逃奔到高梁，旋即被人殺死，重耳立為晉君，是為文公。

懷公的臣子呂省、郤芮，以懷公被殺，要替懷公報仇，乘着文公國事未定的時候，陰謀焚燒晉宮，趁着火勢劫殺文公。寺人披知道了這消息，他是曾經兩次奉獻公和惠公的命去殺重耳的，如今重耳即位，他想去告發呂省的陰謀，以解前罪，便去求見文公。文公不見，還使人責備他道：「蒲城之事，你斬斷了我的衣袖，後來你奉惠公的命到翟國來謀殺我，惠公限你三日，你一日就到了，雖是奉了君命，你為甚要這樣快呢？」寺人披回說道：「事君沒有二心，這是做臣子的道理。今君即位，豈是沒有蒲翟的那樣事麼？從前齊桓公棄掉管仲射鈎的

仇怨，用管仲為相，成就了霸王的業，君若要記舊怨，恐怕禍事又要臨到目前呢！」晉文公聽了這話，便即見了寺人披，披將呂省等的陰謀，盡告訴了文公。文公秘密的出了國都，走到王城，和秦繆公相會，晉國人卻沒有一個知道。呂省、郤芮發難，焚燒晉宮，不見文公，被晉兵打得大敗，正待逃走，秦繆公誘了呂省、郤芮走到河上，把呂省、郤芮都殺了。秦繆公又發兵三千送晉文公回國。文公回國之後，和趙衰等整理國家，百姓受了許多恩惠，個個歡樂，晉國的國勢，便從此蒸蒸日上了。

周朝襄王的弟王子帶作亂，周襄王出居於鄭國。趙衰對文公說道：「尊周勤王，是求霸業的好機會，周晉同姓，決不可使異姓諸侯先得了這好機會。」於是文公興兵護送襄王回朝，還把王子帶殺了，平定了周朝的難。

楚成王發兵圍了宋國，宋使人至晉國告急求救，文公興兵求宋，和楚兵相遇於城濮，楚將子玉令楚兵進擊，文公令晉兵後退，軍吏說：「尚未交兵，怎麼後退呢？」文公說：「我在楚國時，和成王相約，退避三舍以為報，怎敢失信呢？」晉兵退了

九十里，楚兵還是窮追不捨，於是晉兵回兵應戰，把楚兵打得大敗，楚將子玉收拾殘兵退去，晉兵焚燒楚軍的輜重，火三日沒有熄。晉文公使人獻楚俘於周朝，周襄王命文公為侯伯，賜給弓矢等物。文公又率了各國諸侯同朝周襄王，由是晉文公為霸主，繼續着齊桓公的霸業了。

文公在外十九年，備嘗了艱難困苦，又知道了民間的情偽，所以反國以後，把國政治理得很好，得着這樣的霸業。又得着一些賢臣為輔助，所以文公死後，晉國還得保持着霸業百餘年。

七 孔子的周遊列國

　　孔子是一個大儒家，至今數千年以來，為歷朝
所尊崇，中國的人民，都遵奉孔子的教訓，成為儒
教的正宗；雖然沒有宗教的儀式，可是中國人民的
信奉，和西方各國信仰耶穌天主一般的誠懇。所以
孔子的歷史，很有記述的必要。

　　孔子是東周時人，生在魯國的陬邑，名丘，字
仲尼。當他兒童嬉戲的時候，便和普通小孩不同，
常陳列俎豆，學着祭祀的儀式，練習升降跪拜的儀
容。等到年齡稍長，即發憤求學，最喜研究古代的
禮樂法度。當時的人，便把孔子當作儒者看待了。

　　魯國的大夫孟釐子很尊重孔子，將死的時候，
對他的兒子孟懿子說道：「孔丘是商朝湯王的後裔，
我聽得人說：『聖人之後，必然有顯達的。』如今孔
丘年少好禮，將來不是成就顯達的麼？我死之後，
你必得去從孔丘為師。」孟釐子死後，孟懿子果偕

他的兄弟南宮敬叔，往從孔子學禮。

　　孔子的父親早死，家裏很貧窮，為着生活的艱難，便放棄他的求學時間，在魯國大夫季氏的家中，做過管理倉庫的委吏，又做過掌管獸畜的司職吏，雖然是卑賤的職務，然而孔子卻盡忠職守，管理公庫時，必使得料量公平，掌管獸畜時，必使得牛羊茁壯。但是沒有好久，他便辭了職，仍然斷續求他的學。

　　孔子的名譽，一天一天的加高，四方的學者，漸漸來從孔子為師，而孔子教訓弟子很高興，沒有絲毫的厭倦。一年，齊景公到了魯國，慕孔子的名，見了孔子，問以治國的要道，孔子說明霸王之業，都是由用賢才得來的，以感動齊景公。景公聽了，很是敬服。後來魯國有亂，孔子避亂到了齊國，又和齊景公談論一些治國的政事。景公稱讚不止，想把尼谿地方封給孔子。齊國的宰相晏嬰極力詆毀儒者研求禮樂的繁碎，人民畢生不能窮究其學，不合齊國的風俗，景公便不用了孔子，孔子仍回到魯國來。

　　魯定公命孔子為中都宰（今山東汶上縣）。孔子

治理一年，把中都的政事，做了四方各邑的模範，便由中都宰陞做司空。不久又由司空陞為大司寇。齊國見魯國用了孔子，心裏恐懼，便派了使者來魯國修好，並約請魯定公在夾谷地方和齊景公相會。

　　魯定公去赴會，孔子又代理了宰相職務，跟着隨行。孔子請照古時諸侯出疆的禮，設左右司馬官，執行軍法的事務。定公許諾，設了左右司馬官，和齊景公在夾谷相會了。兩君相見，行過了會遇的禮，便登壇飲宴，又行過了酬獻的禮，齊國的有司趨進說道：「請奏四方之樂。」景公說：「好。」於是齊國方面走出一隊各執羽旄旗幟弋矛刀劍等武器的人，鼓噪着登壇，正待起舞了。孔子忙趨進登壇，舉起衣袖大聲說道：「今天我們兩國的君為和好的會，怎麼令這種夷狄的樂來到此地呢？」景公聽了，很覺慚愧，便揮令退去了。過了一刻，齊國的有司又趨進說道：「請奏宮中之樂。」景公允許了，於是有一班倡優侏儒，為戲而前，雜踏登壇。孔子趨進厲聲說道：「拿了淫戲來迷惑諸侯的，罪當殺。」便命司馬執法，司馬當即殺了一個倡優。這會也就草草而散。景公回國以後，心裏感動，知道自己的

禮義不及魯國，對羣臣說道：「魯國的臣子是以君子之道，輔佐他們的君主；你們卻以夷狄之道教我，使我得罪於魯君，這怎麼辦呢？」羣臣都主張向魯國謝過。於是齊景公盡把從前所侵略魯國鄆、汶陽、龜陰的田，歸還魯國，以謝罪過。

孔子自夾谷之會回國以後，更得定公的信任，仍然代行宰相的職務，於是切實整理國政，魯大夫少正卯是素來慣攪亂國家政事的，孔子把少正卯殺了，從此魯國臣民，都一面感德，一面畏威，沒有一個不心悅誠服孔子的威德了。孔子為相，不到三個月，國內大治，人民都知禮義，男女行路的，各分路而行，路中遺失的東西，沒有人拾去。遠方外客到魯國來的，魯國人無處不表示親愛，所以遠客好像在自己家中一般，這都是孔子禮義之教所致。

齊國聽得魯國大治，更加恐懼。以為魯國強盛，齊魯相鄰，必然要先滅齊國，便想用計離間魯國的君臣，於是選了國中的美女八十人，穿着錦繡的衣裳，教會了歌舞，還備着文馬三十駟，送給魯君。果然魯君為女色所迷，三日不聽朝政。孔子沒得辦法，衹得棄了官職，往別國去，希望別國君主

能夠用他，得行他的大道，從此便周遊列國。

孔子由魯國出來，便到了衛國。衛國不用，將往陳國，經過匡城，孔子的面貌好像陽虎，從前陽虎得罪了匡人，匡人以為孔子是陽虎，便派了甲士把孔子圍住，很是緊急。跟隨孔子的弟子，個個嚇得發抖，孔子卻很鎮靜。祇有弟子子路在這危急中，還彈劍唱着歌，孔子依韻唱和，唱了三遍，匡人聽了，知道他不是陽虎，纔解圍出去，孔子仍舊回到衛國。居了月餘，又去了衛國，經過曹國，到了宋國。

孔子在宋國，和一些弟子在大樹下習禮。宋國司馬桓魋，平昔最厭惡孔子的，要謀殺孔子，命人將那大樹斫拔了。於是孔子離開宋國，弟子催着速行，孔子說：「天生德給我，桓魋怎能奈何我呢！」便到了鄭國，孔子和一些弟子離散了。孔子獨立在鄭國的東郭門。弟子子貢正要尋找孔子，聽得鄭人說道：「東門有一人，他的額額似堯，他的頸項像皋陶，他的肩背像子產，但是他的狀態，皇皇然好像一個喪家之狗。」子貢走到東門，果然見着孔子，將這鄭人的話據實告訴了。孔子笑說道：「他說我

孔子在匡城被圍

的禮貌像古人，恐怕未必；但是說我像一個喪家之狗，那真形容得很確當呢。」由此到了陳國，在陳國住了三年，仍回到衛國。這時晉國強大，趙簡子為政，孔子想到晉國去見簡子，走到半路，聽得晉國殺了竇鳴犢和舜華，這兩人都是晉國的賢丈夫，孔子就懷着兔死狐悲之念，不敢再到晉國，就折回衛國。又由衛國再到了陳國，在陳又住了一年，遷到蔡國。

楚昭王很慕孔子的名，聽得孔子在陳蔡之間，就派了使者來迎聘孔子。陳、蔡的大夫聽了這消息，都來商議道：「孔子是大賢人，久居陳蔡兩國，見了我們的行事，很不滿意。而今強大的楚國來迎聘孔子，若是孔子見用於楚，孔子必然要責罰我們，那我們一很危險的了。」於是兩國的大夫同發兵士把孔子圍困在郊野。孔子被圍很久，糧食斷絕，跟隨的人，個個餓得不能起床。孔子卻和沒事人一般，仍舊和弟子們講究學問，彈琴唱歌不輟。弟子中子路、子賢都是有大學問的，然而不免着急，現出忿忿的顏色；衹有顏淵和孔子一樣，很是

安靜，孔子極為稱讚。後來派了子貢偷出圍困，到了楚國，告急求救。楚昭王興動大兵，纔將孔子迎到楚國來了，楚昭王想把土地七百里封給孔子。楚國的令尹子西對昭王說道：「王的外交使臣，沒一個能及子貢的；王的輔相，沒一個能及顏淵的；王的將帥，沒一個能及子路的；王的官吏，沒一個能及冉求的。若是孔子得據七百里的土地，得了一些賢弟子為輔佐，那豈是我們楚國的福麼？」於是昭王不封了孔子。孔子由楚國又回到衛國，再由衛國回到魯國。孔子在列國遊歷了十四年，畢竟沒有一國能夠用他。

孔子回魯以後，自知不能見用，便盡力著作，藉以傳之後世。於是把古代的《書經》、《詩經》親加刪定，又訂定禮樂的制度。還把當時列國所行的政事，都記載出來，行善的加以褒獎，作惡的寓着貶罰，這部書便叫做《春秋》。從此四方學者來師事孔子的，日益加多，孔子盡教以詩書禮樂。孔子的弟子共有三千人，能精通六藝的，有七十二人。

孔子活到七十三歲死了。自漢朝以來，專尊儒家，推尊孔子，自後為歷代所尊崇，凡國家的一切

禮樂制度，都以孔子所定的為依歸。孔子雖然沒有見用於當時，他的教義卻能傳之於後世，稱之為大聖，至今山東曲阜縣還保存着巍然的墳墓——孔林。

八　老子的高談清靜

　　春秋時候，學術很為發達，和儒家對立的，便是道家。儒家以孔子為宗，道家以老子為宗，兩派都是中國學術的先祖，在中國文化史上，很佔重要位置。但是後來歷代帝王專尊儒家，以外的各家，都加以排斥，所以後世道家的學說，雖然保留，而社會上的勢力沒有一點，盡為儒家所獨佔了。

　　老子和孔子同時，生在楚國的苦縣，姓李，名耳，字聃。相傳老子的母親，懷胎八十一年，沒有生下，後來逍遙於李樹下，割開左腋，纔生了老子，因指着李樹為姓，所以姓李氏。這話是不足信的。

　　老子專修道德，主張清靜無為。他以為儒家的禮樂法度，盡是教人做偽，使人貪圖名利，弄得天下不太平。要毀滅古先聖王一切的制度，解除人民身心上的束縛，使人民發展固有的天性，趨向真

樸，把嗜欲看淡，然後人類纔沒有了爭奪，這纔是真正的治平。所以道家的學說，完全和儒家相反，道家極端的詆毀儒家，儒家也盡力排斥道家，兩家成了政治上對峙的敵人。

　　老子做過周朝的守藏史，孔子曾到過周朝，問禮於老子，老子回說：「你所講的古聖人，如今他的人和骨都已朽腐了，祇存着幾句空話，研究了有什麼用處？並且君子的人要是得着時候，就做一番事業，不得着時候，就自己隱退，何必要強勉的碌碌奔走呢？我還聽得君子的人，懷着聖德，他的外貌卻和愚蠢人一般，你須得除掉你的驕氣和欲念，這都是無益於你的，我所教你的，就是這一點了。」孔子受了這番教訓，覺得老子所講的道理很高深，回去對弟子們說道：「鳥類我知道它善飛，魚類我知道它善游，獸類我知道它善走，但是都可以用漁獵的方法，為人所捕獲；至於龍，我不知道它怎樣能乘風雲而上天。今我見了老子，好像見了龍一般。」

　　老子是主張清靜，不求名利的，對於做官，是很不願意。他在周朝所做的守藏史，是一個很閒散的職務，不過藉此以居於人煙稠密的朝市，便於宣

傳他的主義罷了。他在周朝見了國勢日衰，便要隱居於清淨的地方去，於是辭了周朝，向西遊行。

函谷關的關令尹喜，也是修道的人，精天文星宿的學問，常常服食日月的精華，隱居關中，修德行仁，當時的人，沒有知道他的。他望着天空有紫氣浮在關上。知道必有真人來此，於是留心守候。沒有好久，果然見老子騎着青牛緩緩的從函谷關而來，尹喜大喜，便留着老子，請老子將道家的學理，著書傳教。老子於是著了一部《道德經》，共有五千多字，這是道家唯一的真經，但是辭義深奧，人家看了很難懂得。《道德經》著成之後，尹喜也跟着老子一同西行，到了極西的流沙地方，從此老子、尹喜都和國人隔絕，國人也不知道他們怎樣結局了。

後來有莊周，研究老子的學問，著了一部書，名叫《莊子》，闡明老子的學術，詆毀孔子的黨徒，文辭很好，大為世人所尊重。這部書一出，不獨莊周的名譽為人所尊重，老子的學術，也因此大為發達了。

楚威王聽得莊周的賢名，很是敬慕，便派了

老子騎青牛到函谷關

使者捧着幣帛恭恭敬敬的來迎接莊周，請莊周為楚相。莊周笑着對使者說道：「我聽得我們楚國有一個神龜，死了二千年了，被很寶貝的藏在廟堂之上。你以為這龜死了得這樣的尊榮好呢，還是活着拖了尾巴在泥塗中時好呢？」使者說：「當然是拖了尾巴在泥塗中時好些。」莊周說：「我也寧肯拖尾於泥塗中，怎肯受那有國的束縛呢？」莊周從此終身沒有做官，他的行事也和老子一樣，所以後世將老莊並稱。

道家自老子開了宗派以後，雖然受着歷代帝王的壓抑，而學說卻很有人研究。但是後世談神鬼的道士，用符籙治病，騙人錢財的，也假着道家的名，推尊老子，使成為一個無上的神鬼，他們更造出許多荒唐怪誕的神話，流傳於下等社會中，至今不絕。其實老子的真學問，和他的救濟世道的心思，都被這些道士所淹沒了。

（九）　商鞅的變法

　　春秋以後，因為各國諸侯，自相吞併，到戰國時，祇剩得七國了。七國之中，要算秦國最強。推源秦國致強的原由，是由於商鞅的變法，後來吞併六國，成就了統一的帝業，都是商鞅的功勞。

　　商鞅是衛國人，本姓公孫氏。他在少年的時候，喜歡研究刑名的學問，後來到了魏國，在魏國宰相公叔痤的名下做一個中庶子的官職。公叔痤知道商鞅有治國的才幹，正要薦與魏王^⑥，大用商鞅，恰遇自己病了，不曾和魏王說得。

　　公叔痤的病，漸加沉重，很是危險了。魏王親來看公叔痤的病，並且問道：「如果公叔的病，萬一不幸的時候，魏國的事，誰人可辦呢？」公叔痤回說：「我的中庶子公孫鞅，年齡雖少，真是奇才，可

---

⑥　指魏惠王，又稱梁惠王，公元前 369 年即位，在位 50 年。

以大用，我死之後，願王把國事聽公孫鞅辦理。」魏王聽了，表示極不滿意的形色，並沒有回答公叔痤的話。公叔痤叫旁人退出，秘密的向魏王說道：「王若不用公孫鞅，就要殺了他，不要使他出魏國的境，為別國所用了。」魏王當時便允許了。

魏王回到朝裏，和左右的人說道：「公叔痤要我把國事聽公孫鞅辦理，真是病得很昏瞶了。」

公叔痤又叫了商鞅來，說道：「今日王問我誰人可以為相，我本薦了你，我看了王的形色好像不許，我又向王說了，既然不用他，就要殺掉他，王當時允許了。我為私情上特告訴你，你要快些逃走，免受危險哩。」商鞅回說道：「魏王既不信君的話用我，又怎能信君的話殺我呢！」商鞅畢竟不走，直到公叔痤死後，聽得秦孝公下令求賢，纔往秦國去了。

商鞅到了秦國，先見了秦孝公最寵愛的臣子景監，求了景監的援引，纔見了孝公。商鞅和孝公談話，自己正談得高興，孝公卻聽得生厭，時時睡着了。商鞅去了，孝公責備景監道：「你所引見的客，簡直是個莫名其妙的人，用他做什麼呢？」景監將

孝公的話也責備了商鞅一番。商鞅說：「我和孝公說的是帝道，可惜他不能領悟呢。」

過了幾日，孝公又召見商鞅。商鞅又見了孝公，談論許久。孝公聽了，還是不中意，又對景監道：「你的客，畢竟沒有什麼意思。」景監又將這話責備了商鞅一番，商鞅說：「我說的是王道，他不能用呢。」

不久孝公又召見商鞅。這次孝公聽了商鞅的話，點頭稱善。孝公對景監說道：「你的客可以談論國事了。」景監又將這話和商鞅說了。商鞅道：「我說的是霸道，大約中合王的意思，下次若再見我，我便有話說了。」

商鞅既得孝公的稱許，便不待孝公的召，自己去求見。孝公接見，此次聽了商鞅的話，異常高興，不覺得手舞足蹈起來，就留了商鞅住在宮裏，一連談論了三天，方纔出來。景監問商鞅道：「你說了些什麼？使得君王這樣喜歡呢？」商鞅回說：「我起先說的是帝王之道，君王以為時間太久，不能等待；後來我說的是霸道，盡是富國強兵的方法，所以君王便大歡喜了。」於是孝公用商鞅為宰相，一

切國事，盡聽商鞅辦理。

商鞅任了秦國的政事，便把一切舊法改變，定出新法，最重要的是把「井田法」廢除了，開成阡陌，農民有力的，可以多種田，不受「井田法」的限制，於是開闢了許多荒土，農民又盡力耕田，收穫比前豐富得多了。還注重軍事，沒有軍功的人，不許得富貴，使秦國的人個個整頓武備。此外還定出許多法律，令大家遵守。

商鞅因為初到秦國，沒有得到人民的信服，此次定出許多法令，恐怕人民還不見信，就豎立一根三丈長的木，在國都的南門，召募人民能將這木搬至北門的，給賞十金。一般人民都以為這搬木很容易的事，竟至賞十金，大家都很奇異，有些不相信，沒有人去應他的召募。商鞅見沒有人應召，便下令有能搬木的加賞五十金。大家更加奇怪了，不敢動手，後來有一人說：「我且搬過去試試看。」商鞅果然賞了他五十金。這事一傳之後，大家知道商鞅是令出必行了。

新法正在行了，太子犯了法，商鞅說：「法令的不行，就是由於在上的人犯法。今太子犯法，不便

商鞅立木取信

加罰，就要罰他師傅教訓不嚴的罪。」於是將太子的師傅公子虔和公孫賈，都處了很嚴重的刑罰。從此秦國人，個個害怕，不敢違玩商鞅的法令了。

過了十年，秦國大治，人民家家富足，山中的盜賊也沒有了，路上丟掉的東西也沒有人拾去了，人民對於國家的戰爭，個個奮勇，對於私人的鬥爭，卻不敢捨命了。於是秦國一變為富強之國，稱雄中國了。

魏國在秦國的東界，是秦國到中國來的門戶，所以歷來秦國對於魏國很是重視。秦國既然富強了，商鞅對孝公說道：「秦國和魏國因為地勢的關係，不能相容，好比人患了心腹之病，終是禍害，不是秦國併吞魏國，便是魏國併吞秦國的。今賴君之賢聖，國家興盛，不如趁此興兵伐魏，魏若不能支持，必然要遷都避讓，然後秦國據了山河的險固，纔可東向以制服中國的諸侯，霸王之業，方可成功哩。」孝公聽了，很以為然，便命商鞅帶兵伐魏。

魏國使了公子卬將兵，抵禦秦兵。秦魏兩國的兵正在相持的時候，商鞅寫信給公子卬道：「我倆從

前是很好的朋友，如今各為國事，就要打起仗來，我是很不願意的。我想和你當面相會，共談和好，促進兩國的邦交，免得用兵，豈不好麼？」公子卬信以為然，便兩方商定了相會的地點。

商鞅先埋伏一些兵士在相會的地方。到了約定的日期，公子卬以為是和平的相會，並且相信商鞅不至於欺他，就輕車簡從而來，商鞅置酒款待，正是酒半酣的時候，埋伏的兵士一齊出來，活捉了公子卬，就乘勢向魏國的兵進攻，把魏兵打得大敗，擄了公子卬回秦國來了。

魏國因為連年戰爭，國內空虛，這次又為秦國所敗，魏王大恐，請與秦國講和，割了河西地方貢獻秦國，又遷都到大梁，以避秦國的鋒。到了這時，魏王說道：「我悔不聽公叔痤的話了。」

商鞅破了魏國，孝公給於商之地十五縣，封商鞅為商君。所以後人稱他為商鞅。

商鞅雖然把秦國治理得很好，但是用法太嚴，國中除了孝公一人以外，沒一個不切齒痛恨他。等到秦孝公死了，太子即位為惠王，商鞅因為從前處罰了太子，心裏很不自安，於是公子虔告商君作

亂，惠王命人捕捉商君，商君逃走，到了一個民家，要求借宿暫行躲避。民家不知是商君，說道：「我們商君的法令，是不許人容留逃犯的。」商鞅聽了嘆道：「這真是作法自斃哩。」後來逃奔到了魏國。魏國人怨恨商鞅欺了公子卬，破了魏兵，就捉了商鞅，送回秦國。秦國用四馬分屍⑦的嚴刑，把商鞅處死了。

⑦ 此處疑為俗稱的「五馬分屍」。《史記·商君列傳》中載商鞅所受之刑為「車裂」。

⊕ 蘇張的縱橫

　　戰國時候，祇有秦、楚、燕、趙、韓、魏、齊七國了。七國之中秦國最強，恃着兵力時常奪取他國的土地；而六國的君主又常自動的割了土地向秦求和，貪着一時的苟安，不顧將來的亡國。於是便有當時的謀士，主張聯絡東方的六國諸侯，團結一致，以抵禦西方的強秦，這便叫做「合縱」。合縱的效力很大，秦國恐懼，便又有替秦國打算的政客，主張六國的君主解散縱約，和秦國相連，這便叫做「連橫」。主張合縱的是蘇秦，主張連橫的是張儀。

　　蘇秦是東周洛陽人，少時和張儀同學於鬼谷先生處，兩人的辯才都很好，口似懸河一般。蘇秦家裏貧寒，想借着游說，去謀官祿，起初去求見周顯王，顯王的左右都知道蘇秦是個好說大話的少年，加以輕視，所以周顯王也不信他了。於是蘇秦檢點行裝，走到秦國。這時秦國正殺了商鞅，惡厭外來的辯士，任

憑說得天花亂墜，總是不能見信的。蘇秦住在秦國很久，資斧斷絕，行李衣服都賣掉了，於是單衣赤腳，顏色憔悴，沿途乞食的回到家中。他的妻子正在織布，見了蘇秦這種模樣回來。便不下機來招待，他的嫂嫂也不替他炊食物，並且責備他道：「你不治產業，盡力工商，要學讀書游說，今受這種困苦，不是應該的嗎？」蘇秦聽了，很自傷慚，於是閉門不出，檢發舊書，得姜太公《兵法》，盡心研究，讀到夜深欲睡的時候，引錐自刺其股，血流到足踵間，自己說道：「那裏有游說君主，不能得他的金玉錦繡和卿相的尊榮的嗎？」讀了一年，心裏很有把握，又說道：「這真可以游說當世的君主了。」

蘇秦又整裝出外，起先到了趙國，因為趙國的宰相奉陽君不見信，就離了趙國，到了燕國，在燕國住了一年，纔得見了燕文侯。說文侯聯絡趙國，與趙合縱，免得燕國的禍患，把其中利害說得很詳細。文侯聽了很歡喜，便賜給蘇秦車馬和金帛，送了蘇秦又到趙國來。

這時趙國的奉陽君已死，蘇秦見了趙肅侯，說道：「六國的土地，五倍於秦國，六國的兵士，十

倍於秦國，若六國聯合為一，併力攻秦，秦國必然要破滅。如今六國各自為政，反要西面事奉秦國，豈不可恥？臣請聯絡韓、魏、燕、趙、齊、楚為一以合縱，共同抵禦秦國，若秦國攻打一國，則五國出兵救助，有不出兵的，也以五國的兵去討伐。那末，秦國必不敢出兵，君王的霸業也成就了。」趙王說：「寡人年少，不懂得治國的道理，今先生有這樣安天下、定國家的大計，寡人願以全國聽從先生的命了。」便備了兵車百乘，黃金千兩，白璧百雙，錦繡百匹，請蘇秦去約定各國的諸侯。

蘇秦奉了趙王的命，車馬金帛，炫耀動人，好不威武，便先到了韓國，由韓國又到了魏國，再由魏國到了齊國，最後到了楚國，那些韓、魏、齊、楚的君主，都贊成合縱的計策，於是六國的君主合議合縱的條約，以蘇秦為縱約長，並佩六國相印。蘇秦由楚北行，歸報趙王，各國都派了使者兵馬護送，車騎扈從，好像王侯一般。正從洛陽經過，周顯王聽得了，很是恐懼，忙命人清潔道路，派了使者出到郊外迎接。蘇秦的兄弟妻嫂，都側目不敢仰視，俯伏跪在道旁。蘇秦笑對他的嫂嫂說道：「嫂，

你為什麼從前那樣倨傲，現在這等恭敬呢？」嫂以面掩地，匍匐而前回答道：「我見了季子的位高而又金多呢。」蘇秦嘆道：「貧窮則嫂不以為叔，妻不以為夫，富貴則親戚都畏懼了。人生於世，勢位富厚，豈可不注意麼？」

蘇秦回到趙國，六國合縱歸趙，趙肅侯封蘇秦為武安君。秦兵不敢出關一十五年。後來蘇秦為仇人所刺死，六國的合縱也被秦國連橫之策所打破了。

張儀是主張連橫之說的，他和蘇秦同學時，蘇秦自以為不及張儀。後張儀也因家貧，出外游說諸侯，到了楚國，一次，在楚相家飲酒，酒後楚相家失去一塊璧玉，門下人都說道：「張儀家貧無行，必然是他偷了相君的玉。」就捉了張儀拷打一頓，張儀不肯承認，纔將他釋放了。張儀回家，他的妻子對他說道：「你不讀書游說，怎會受這恥辱呢？」張儀說：「你看我的舌頭還在麼？」妻笑道：「舌頭仍在。」張儀說：「祇要有我的舌頭存在，便不怕沒有出息了。」

當蘇秦奉趙王命去約各國諸侯合縱的時候，蘇秦恐怕秦國要出兵攻打六國，破壞了縱約，想使人見用於秦國，加以幫助，祇有張儀的才幹，纔能擔

蘇秦用計激張儀

當這使命。於是使人去感動張儀道：「你和蘇秦原是好朋友，如今蘇秦已得顯貴，你何不去謁見蘇秦，求達你的志願呢？」張儀聽了，果然走到趙國，求見蘇秦。蘇秦故意教門下人不為通報，過了幾天，纔召見了，令張儀坐在堂下，給以很粗糲的食物，並責備道：「以你的才能，你自己弄到這般困苦，我雖然能富貴你，但是因為你自己不振作，我也不能援引你了。」張儀此行，滿以為故舊交情，必得見愛，反受了這番恥辱，心裏慚愧萬分，因念能和趙國為難的，祇有秦國，就走到秦國去了。

蘇秦見張儀已去，對他的舍人說道：「張儀是天下賢士，我自以為不及，今我幸得先用，將來見用於秦國的，祇有張儀纔可。但是因為貧窮，沒有進身之階，我恐怕他就埋沒了，特召來激怒他，你可替我去秘密的給以資助。」於是給舍人以金幣車馬，使隨行於張儀的後面。那舍人和張儀漸漸交熟了，將金幣車馬盡奉給張儀，張儀遂得到了秦國，進見惠王，用為客卿。那舍人便要辭去，張儀說：「我賴你資助，纔得顯貴，現在我正要報德，你怎麼就要去呢？」舍人說：「我不是知你的，知你的是蘇君，

蘇君恐怕秦代趙，破壞了縱約，以為非你的才幹，不能見用於秦國，特召來激怒你，使我秘密的給你資助，這都是蘇君的計謀；今你已見用，我要歸報蘇君了。」張儀很驚嘆的回說道：「我在蘇君的術中，尚不知道，這是我明明的不及蘇君了。我又是新用，怎能謀害趙國呢？請你替我謝蘇君，蘇君在時，我決不敢謀趙哩。」

張儀即做了秦相，寫信給楚相道：「我從前和你飲酒，我沒有盜取你的璧玉，你就拷打我；如今你要好好保守你的國家，我還要來盜取你們的城池呢。」

張儀做秦相上四年，又到魏國為相，想藉此破壞縱約，使各國諸侯事奉秦國。便勸魏王事秦，得強秦的保護，魏國可以高枕無憂。魏王果然信了，背棄縱約，請與秦國講和。

後來秦國想伐齊國。因為齊楚是合縱之國，恐怕楚國出兵救齊，便差了張儀到楚國。楚王果信了張儀，不出兵救齊，反與秦國講和，張儀又到了韓國、齊國、趙國、燕國，都說以連橫的利益，各國諸侯都信了，爭先事奉秦國，於是合縱之約，完全瓦解，後來秦國得以挨次併吞了六國。

秦始皇的統一六國

　　秦始皇是秦莊襄王的兒子，當他即位時，隨着幾代傳下來的威勢，六國諸侯都爭先事奉秦國，秦國不須出動兵力，六國諸侯都拱手奉送土地給秦國，所以秦國得從容佈置，一個一個的次第把六國併吞了。

　　始皇即位後，用李斯為宰相，李斯教始皇以遠交近攻的計策⑧。因為韓、魏、趙是和秦國相隔很近的，齊、楚的國勢較大，又相隔最遠。便派了使者到齊國講和，約為兄弟之國，秦為西帝，齊為東帝；又使人至楚國也約為兄弟之國，互相交好。於是秦國出兵先滅了韓國，次滅了趙國、魏國。燕國見韓、魏、趙三國都為秦所滅，大起恐慌，於是派

---

⑧　「遠交近攻」之策，當為秦昭襄王時范睢所提。本段中齊秦分別稱為東西二帝之事，亦發生於秦昭襄王時期。

了荊軻至秦，謀刺秦王，荊軻未能成功，反惹得秦王大怒，即刻出兵把燕國滅掉了。然後滅了楚國，最後滅了齊國 [9]。從此中國統一，成就了秦朝的帝業。

秦始皇統一了中國，自己以為無上的尊嚴，對於天子的稱號，就要改變。他以為古時的三皇稱皇，五帝稱帝，他的功業比三皇更要高，德行比五帝還要大，祇好並稱為「皇帝」。又以為皇帝的諡號，是死後由臣子所定的，失了皇帝的尊嚴，便廢除諡號，從他自己起，稱為始皇帝，將來傳子傳孫，便稱為二世三世……以至於千萬世。

始皇以為周朝的封建諸侯，把各地的政權，分給了諸侯，有損天子的威權，而且諸侯子孫世襲，到後來必定弄成諸侯強天子弱的弊病，就把封建制度廢除，改為郡縣制度，將中國分為三十六郡，郡下分縣，郡縣各設官治理。這樣一來，各地方的政權，盡由皇帝掌握了，在我國上古史的政治上，這是一樁大大的改革。

---

⑨ 此處秦滅六國的次序與史實不符，應是韓、趙、魏、楚、燕、齊先後被秦所滅。

始皇因為要想保全他萬世子孫的帝業，以為兵器是作亂的凶器，假使沒有兵器，人民一定不能作亂，就把中國所有的兵器，盡行搜集，用火銷燬，鑄成十二個金人，置在宮中，當做一種裝飾品。人民有私藏兵器的，就要照法律治罪。

　　還有作亂的根源，就是知識，因為人民有了知識，便知道自己所受的痛苦，是由於國家政治的不良，既然知道政治的不良，就要謀改良的方法，以解除自己的痛苦，所以革命就由此而生。始皇因為防備人民的反抗，最怕是人民有知識。讀書是求知識的路徑，就禁止人民讀書，把國中的書籍，盡行燒燬[10]，如果有談論讀書的，治以死罪，若是根據古代的事來議論當時政治的，那便是大逆不道，要治以全家誅戮的罪。這是始皇要想人民蠢如鹿豕，然後纔便於管理，所以他要用這種嚴峻的刑罰，來禁止人民的需求知識。

　　這時封建制度已廢除了，兵器也銷燬了，書籍也焚燒了，始皇料想防止國內的變亂，已是周全，

---

[10]　也仍留有部份書籍，如卜筮、種植類的圖書。

蒙恬奉命督造長城

祇有北方的匈奴，是外患的隱憂，於是築起萬里長城，以防禦匈奴，命了蒙恬帶兵三十萬固守長城。

始皇自以為國中的內憂外患上都防備得周密，千萬世子孫的帝業，也大概鞏固了。便想到貴為天子，自當享受一世的繁華，於是大起宮殿，築阿房宮，這宮的面積有三百餘里，內中的層樓疊閣，連屬相望，把從六國取來的歌姬舞女，珍奇寶貴，盡放在阿房宮內，自己隨意游幸，真是天下的繁華富麗，都被始皇一人享盡了。

始皇既然心滿意足，但是還有罣慮的地方：就是人生壽命，至多不過百年，這種繁華富貴，祇能供暫時的遊樂。怎樣能得身長生之術，方可久享富貴呢？於是就有一班方術之士，迎合着始皇的意思，接踵而來。

齊國人徐市自稱為道士，上書始皇，說道：「海中有三個神山：一是蓬萊，一是方丈，一是瀛洲，這三個神山上，都住滿了仙人。臣願替皇帝入海求仙，求得長生的方法。但要先期齋戒，還要帶了童男女數千人，一同前往，並預備許多供給的食用。」始皇聽了大喜，即命人至民間募集童男女數千，並

備好食用供給，命徐市入海求仙。那徐市走到海中，尋得一個海島，就在島上和那些童男女一齊住下，便做了那殖民地的一個領袖，享受安樂。祇虧得始皇日夜望仙人降臨，連信息都沒有一個回了。

又有盧生也自稱道士，求見始皇，說道：「我願替皇帝入深山去見仙人求不死的藥。」始皇大喜，又命了盧生去求不死的藥。沒有好久，盧生回來了。始皇問：「求得了不死的藥嗎？」盧生回道：「臣在深山，得仙人指引，取得一些奇芝異草，食了可以長生，但是常被一些妖物劫奪去了，不能帶得回來，臣及請求仙人親來皇帝的宮中，賜給皇帝以不死的藥，仙人念皇帝的誠懇，已經允許。但是仙人降臨宮中，須得皇帝親住各處道路，驅除一些惡鬼，又仙人最愛閒靜，宮中須得禁止外人，皇帝能安靜守候，仙人自然降臨，不死的藥，方可得到。」始皇信以為真，就命人於阿房宮內，將二百多個離宮別館，盡築了複道，可以相通，自己每夜巡道中，以驅除一些惡鬼，並且命令奏事的人，不許跑到宮中。

始皇等了許久，不見仙人降臨，一天，始皇召

了盧生進，待問仙人的消息，誰知盧生竟逃得不知去向了。

　　始皇受了幾次的騙，大為懊喪，然而盼望神仙的心思，畢竟不死，後來始皇出遊，行至沙丘地方，死於道中，死時年纔五十歲 ⑪，所謂人生百年的壽，還祇得到一半。

---

⑪　秦始皇生於公元前 259 年，死於公元前 210 年。

十二　劉邦的斬蛇起義

　　劉邦是生在秦朝時的沛郡（今江蘇沛縣），家裏貧窮，自己又沒有學習工商的職業，便在鄉里中供吏役的奔走，後來補得一個泗水亭長；這亭長的職務，便是掌管逐捕盜賊的。他雖然沒有大學問，然而他的器度很大，志氣很高；他異常好酒好色，沒錢沽酒，便去酒店中賒貸，有了錢時，常加倍還給，用錢如揮土一般，不作絲毫窮措大[12]寒酸的氣態。一次，他因着公務，到了長安，遇着秦始皇出遊，見了皇帝的儀從，聲勢煊赫，他嘆息說道：「大丈夫不當是這樣麼？」

　　單父人呂公和沛令（即縣官）是很好的朋友，因避仇人從單父遷居到沛郡，沛中的豪吏聽得是沛令的重客，便都醵錢往賀。蕭何時為沛吏，代理呂

---

⑫　多指貧窮且具酸氣的書生，出自《廣擴言·賢仆夫》。

公主辦一切受賀的事宜。當開筵受賀時候，蕭何令諸賀客道：「賀錢不滿一千的，請坐在堂下。」劉邦是素來心裏輕視沛中諸吏的，這次隨着諸吏來賀，便寫了一個賀帖說他的賀錢是一萬，其實他並沒持一錢，呂公見了他賀帖，便大驚異，忙出門迎接。呂公本是善相人之術的，及見劉邦的狀貌，大為敬重，就引入尊他上座，劉邦也毫不謙遜的上座了。筵宴畢後，呂公獨留着劉邦，對他說道：「我少年時候，就喜研究相人之術，相人很多，都不及你的相貌。望你自己愛惜，不要自棄了。我有一女，願給你做一個執箕帚的妻妾。」劉邦去後，呂公的妻子呂媼埋怨呂公道：「你常以此女有貴相，當配貴人，怎麼妄自許與劉邦呢？」呂公回說：「這不是你女子們所知道的。」於是劉邦娶了呂公的女為妻子。

秦始皇是最愛建築的，他在活着時，便於驪山（在陝西臨潼縣）建築他的墳墓，工程浩大，令國中各郡縣選了徒役送至驪山，可憐一班農家，要拋棄他們家中的父母妻子和田中的工作，來做這種苦工。沛縣不是例外，自然也要選送徒役的，於是由沛令強迫選了農民數百人，命了劉邦護送至驪山。

劉邦是生性好酒的，他護送徒役到驪山去，在路中常是喝得大醉，那些徒役便乘機逃走，所以走不多遠，已逃亡了一半。劉邦心裏想着若是到得驪山時，豈不要逃亡盡淨麼？秦朝的法令最嚴，這是要處死刑的。於是走到豐縣，劉邦便令停止前行，買了許多酒肉，和一些徒役們痛飲，到了夜間，將一些徒役，盡行解放，並對他們說道：「你們都去，我也從此逃亡了。」那些徒役聽得，異常感激，當時有十幾個壯士，願跟着劉邦一同逃亡。劉邦便和那十幾個壯士乘着夜間取一條小路逃走，令一人先行引路。那先行的人，忽然回報說道：「前面有一條大蛇，攔住道路。」劉邦這時還帶着幾分酒氣，聽了說道：「壯士行路，還怕什麼！」便自己衝向前面，拔出佩劍，將那大蛇斬成兩段，復前行數里，便在路中醉臥了。

　　據當時傳說，有一個豐縣人，於劉邦斬蛇後，也從那地經過，見一老嫗正在哭得很傷心，那人問她為什麼哭？老嫗回說：「我的兒子被人殺了！」那人又問道：「你的兒子為什麼被人殺了呢？」老嫗說：「我的兒子是白帝子，化為蛇攔住道路，今被赤帝子斬殺了。」那人聽了，很是驚異，以為見鬼，便要去打

那老嫗，那老嫗忽然不見了。那人越加驚恐，急往前行，恰遇着劉邦從醉臥醒來，便將此怪異告知劉邦，劉邦聽了，心裏很喜歡，便自負不凡了。

劉邦從此不能歸家，便和那些壯士，一同隱藏在臨淮、碭山一帶的山谷中。他的妻子常來和他相會，每次很容易尋得。劉邦問他的妻子道：「你怎麼知道我的住處，這般容易尋得呢？」妻子回說：「你所居的地方，上面常有雲氣，我祇要按着雲氣的方向，便可以尋得你。」劉邦聽了，更自喜歡。由是沛中子弟都以為劉邦不凡，漸漸的來歸附了。

秦始皇死了，二世皇帝即位，人民受着秦朝苛政的痛苦，已是不堪了。陳勝、吳廣乘着這機會，便在蘄縣發難，斬了木頭做刀劍，揭起竹竿做旗幟，一時人民附和，殺了郡縣的官吏，據了城池，起兵反抗秦朝，於是到處響應，天下騷動，豪傑蜂起。畢竟把秦朝的帝業推翻了。

沛郡受了這種影響，人民自然是蠢蠢欲動，謠言蜂起了。沛令異常恐懼，便想自動背叛秦朝，響應陳勝，以保全自己的性命。這時蕭何、曹參都在沛郡為吏，對沛令說道：「君是秦朝的官吏，今要響

應陳勝，恐怕沛縣子弟不能聽從君的命令。不如召集逃亡在外的數百人，來沛做保護，那就沛中子弟不敢不聽從君的命令。」便命了樊噲去召劉邦回沛。

這時劉邦已集合數百人了，便和樊噲一同來沛。沛令見劉邦領帶多人來沛，心恐有變，便閉城堅守，拒絕劉邦入城，並想誅殺蕭何、曹參。蕭何、曹參忙逃出城外，投入劉邦一夥了。劉邦於是寫了一封信，用箭射入城去，告沛中父老道：「各方義兵四起，今父老們要替沛令守城，若是外兵到來，沛郡要受屠城之慘。不如殺了沛令，選立有才能的，以響應義兵才免得身家之禍。」沛中父老都以為然，便率領子弟把沛令殺了，開城迎接劉邦，欲立劉邦為主，劉邦再三辭讓，但是眾人都不敢當這禍首，共立劉邦為主，稱為沛公。

這時同起兵的很多，項梁起兵吳地，勢力較大，沛公和項梁聯合，共立楚懷王的孫心為楚王，以號召天下。後來項梁死，項羽繼着項梁的基業，仍和沛公共尊楚懷王，同心協力去攻打秦朝。懷王和諸將約道：「能先攻入長安的，就得王其地。」於是沛公和項羽都出兵去打秦朝。項羽的兵力很強，和秦朝的大

劉邦送信給沛中父老

兵相遇，屢次打破了秦兵，秦朝的大將都投降歸服項羽了。沛公出兵逕往西行，凡攻破的地方，不加屠殺，祇令歸降，因此沛公就先攻入長安了。

這時秦二世皇帝已被趙高所殺，立子嬰為帝，子嬰捧着皇帝的璽印，降立道旁，沛公收了璽印，也不加害，還將秦朝的重寶財物，盡封藏於府庫中，自己退出長安，駐軍霸上。百姓因沛公秋毫無犯，都感激他的德，懇切的留他為秦王。

項羽聽得沛公已先入了長安，便大發怒，急引兵向長安來攻打沛公。這時項羽兵號百萬，沛公兵號二十萬，沛公的力實不能敵，於是便差了張良去求項伯援救，項伯乃對項羽說道：「沛公不先破了長安，公豈得這樣容易入關呢？今人有大功，反要攻打他，這是不對的。」項羽聽了項伯的話，纔停止進攻，沛公又親自率領百餘騎，來見項羽，自請謝罪，並對項羽說道：「我入了長安以後，把秦朝的寶物封藏，為的是防備他人入關，特在此守候將軍哩。」項羽聽了，纔銷了怒氣，於是項羽入了長安，把秦朝的宮室，盡行燒燬，火三月不息，所過的地方，都成殘破，一些百姓，大為失望。

項羽沒得先入長安，就怨恨懷王和諸將訂立先入為王的約，乃說道：「懷王是我家項梁所立的，並沒有功勞，怎能和諸將訂約呢？」於是假尊懷王為義帝，實在是不聽他的命令了，自立為西楚霸王，定都彭城（今徐州）。封沛公為漢王，都南鄭。把長安關中之地，分封三個秦朝的降將，還把當時起兵的都封為王。項羽的勢力很強，一般諸侯都不敢不唯唯聽命。後來把義帝遷到長沙郴縣，旋又使人把義帝殺了。

　　沛公受了項羽的支配，祇得到南鄭（今陝西漢中地）就漢王位，但是軍吏士卒多是山東人，日夜思東歸，所以鬱鬱不樂。漢王聽得項羽殺了義帝，就替義帝發喪，群集諸侯的兵，去討伐項羽，被項羽打得大敗，這時沛公的父親太公和妻子呂后都在沛，也被項羽的兵擄去了。

　　漢王從此不和項羽挑戰，祇使了諸侯去挑擊楚兵，又用了韓信為大將，攻取了許多的土地，自己的實力，日漸充足，然後發兵去牽制項羽。項羽的智謀不及漢王，縱令兵力強盛，已累得疲乏不堪了。項羽性急起來，見漢王不肯出戰，便要將太公和呂后烹了，以激怒漢王。漢王使人對項羽說道：「我和你同

事義帝分屬兄弟，我的父親也是你的父親了，你如果要烹父親，請你分給我一杯羹。」項羽想來，烹了太公，也是於事無益，便和漢王講和，以鴻溝為界，鴻溝以西歸漢，鴻溝以東歸楚。漢王許諾，於是項羽將太公和呂后都送還漢王，漢軍中都呼萬歲。

項羽生性剛強，人多不服，諸侯多叛楚歸漢，後來漢王合了諸侯兵，攻羽於垓下，項羽兵少食盡，漢兵重重圍住。夜間，漢軍四面都是楚歌，項羽聽得大驚道：「不是漢兵盡得了楚地麼？怎麼楚人這麼多呢？」當即起來飲酒，項羽的侍姬虞美人和一匹駿馬名騅是常跟隨項羽的，項羽便悲歌慷慨的自己做了一首詩道：「力拔山兮氣蓋世，時不利兮騅不逝；騅不逝兮可奈何！虞兮虞兮奈若何！」項羽歌了幾遍，虞美人也依韻唱和，唱畢，項羽不覺得灑了幾點英雄淚，左右的人聽得這樣悲切，都哭得不敢抬頭了。於是幾次衝出重圍，殺了漢軍許多將士，祇因漢兵太多，畢竟不能衝出，被漢兵殺死了。

漢王既破滅了項羽，諸侯歸服，便統一了中國，於是建都長安，自立為皇帝，國號叫漢，稱為漢高祖。中國從平民起來做天子的要算劉邦是第一個。

十三　叔孫通的奏定朝儀

　　秦朝雖然焚書坑儒，其實儒學並沒有絕滅，就是在秦朝也設有博士，補用文學之士，不過對於民間，卻很嚴厲的禁止，這是秦始皇防備人民造反的一種愚民政策。當時一般儒士，也知道是一時的政策，將來必有重新復興的一日。等到始皇死後，天下紛亂，隨即變成劉項的戰爭。這時雖然廢除了人民讀書的禁令，但是當着兵連禍結，那個能注意儒學呢？直到漢高祖成了帝業，儒學纔有復興的機會了。

　　叔孫通本是秦朝的儒士，他很能通權達變，迎合着時代的潮流，等到漢高祖成了帝業，便擔當儒學復興的責任，制定漢朝一代的禮儀，成了漢朝的大儒。他在秦朝時，初以文學被召為博士；這時的博士，並沒有建議的權力，不過備朝中的訪問罷了。

　　秦始皇死了，二世即位，陳勝起兵山東，二世

聽得，便召了一般博士問道：「陳勝在山東作亂，你們的意思，應當怎樣辦呢？」一般博士都回說道：「做臣子的人，不得亂動，亂動就是反叛了，罪當死無赦，請急發兵去討伐。」二世聽了，現出發怒的顏色。叔孫通前進說道：「他們所說的都錯了，方今天下一家，毀滅了郡縣的城池，銷燬了人家的兵器，表示不再武了；況且在上有聰明的君主，在下有嚴密的法令，人民個個守法，那裏有反叛的事呢？這陳勝不過是鼠竊狗盜之輩，郡縣的官吏自會把他捕獲論罪，何必要興師動眾，小題大做呢？」二世聽了，方纔轉怒為喜。二世還問了許多朝臣，朝臣仍有說是反叛的，有說是寇盜的。後來二世把說是反叛的下在獄中，說是寇盜的盡行革職。衹於叔孫通賞給帛二十四，衣服一套。

叔孫通自宮廷中出來，回到家裏，叔孫通的弟子們問道：「先生怎麼要阿諛取賞呢？」叔孫通回道：「你們何曾知道，我幾乎不得脫離虎口，要圖免禍呀。」於是叔孫通知道秦朝將要亡了，就棄職逃亡，投到項梁處，項梁死後，又隨着項羽。後來纔投降漢王。

叔孫通到了漢王處，仍是穿着儒士的衣服，寬袍大袖；漢王正當征戰的時候，見了這種儒服，心裏異常厭惡。叔孫通知道了漢王的意思，便改戎裝短服，漢王大喜。

當叔孫通投降到漢王的時候，他的弟子百餘人，隨着同來，但是他對漢王從沒薦舉一個，卻薦舉一些豪強武士，他的弟子們私罵道：「我們跟了先生數年，幸得從歸漢王，今先生不能薦舉我們，反薦舉一些豪強。」叔孫通聽得了，對弟子們說道：「你們太不識時務了，今漢王當征戰天下的時候，你們能從事戰鬥麼？我所薦舉的，盡是一些戰鬥之士。你們且慢慢的等待，我自不忘你們的。」

後來漢高祖成就了帝業，一些功臣，盡是起自田間，村野匹夫，那裏知道什麼朝廷的禮節，當在朝中，飲酒爭功，酒醉了的時候，就要歌唱喧鬧，甚至拔出劍來砍殿柱子，鬧得烏煙瘴氣，全沒有朝廷的體統，高祖也沒法禁止，但是心裏卻很厭惡。

叔孫通對漢高祖說道：「征戰的時候，是用不着儒家的；如今帝業已成，要守住帝業，就非用儒者不可了。臣請召集諸儒生，共同把朝中的禮儀，從

新制定。」高祖問道:「那是很難的事嗎?」叔孫通回說:「歷朝的禮樂,都是按着當時的情形,有所增減的。臣請採用古禮和秦朝的儀節,制為朝儀,務使便於當今的情狀。」高祖說:「你且去試辦,但是不要弄得太繁瑣,須選了我所能行的。」

於是叔孫通召集了魯國的儒生三十人和他的弟子百餘人,共制定朝儀,又在野外假設朝廷的方位,實行演習。過了月餘,演得純熟了,就請了高祖來觀禮,高祖看了,說道:「這個我能行得。」便命了一些朝臣,都來練習。

這時高祖建築長樂宮,恰好成功,諸侯羣臣都來朝賀,便把叔孫通制定的朝儀實行起來。

在那絕早天還沒亮的時候,由謁者(司禮的官)引着諸侯羣臣,按照官爵的尊卑,挨次入了殿門;廷中陳列車騎步兵,張設許多旗幟,警衛森嚴,靜悄悄地鴉雀無聲,諸侯羣臣到了廷中,便由謁者傳聲道:「趨!」於是入朝的都快步向前疾行,走到殿下,方纔停止。殿下的兩旁,有東西兩階,每階都有持戟的武士數百人,相對立着。諸侯羣臣到了殿下,便按着文武官職分立兩旁;功臣諸侯將軍以

及軍官，都站在西方，面向東立着；文官自丞相以下，都站在東方，面向西立着。這些朝臣是這樣的靜立了許久，於是皇帝乘着龍鳳的輦車從宮中出來，有左右侍臣百人捧着各種應用的物色，口裏一面呼呵，擁簇着皇帝的龍輦升到殿上。然後由司禮官引了諸侯羣臣挨次的上殿奉賀，賀禮畢，皇帝命賜給羣臣飲宴，便設宴於殿上，朝臣依次侍坐於兩旁，個個恭謹嚴肅，不敢抬起頭來。筵宴開了，又由朝臣中依着官職的尊卑，挨次向皇帝奉觴上壽，等到奉觴過了九次，便由司禮官唱道：「罷酒！」於是一齊撤宴，諸侯羣臣依次退出。還設了御史官司糾察的職務，有不合禮儀的，便令退出。所以這次朝賀，自入朝以至撤宴，那些諸侯羣臣，沒一個敢喧嘩失禮的。漢高祖大為喜歡，並且嘆道：「我今天纔曉得做皇帝的尊貴了。」

叔孫通自定了朝儀以後，大為漢高祖所器重，拜叔孫通為太常，賜金五百斤。叔孫通因對高祖說道：「臣的弟子們和諸儒生，隨臣很久，這次共定朝儀，請加以官職。」於是高祖盡用為郎。叔孫通還將所賜金五百斤，盡賜給弟子們。弟子都歡喜說

道：「先生真是聖人，知道當世的要務哩。」後來叔孫通又將宗廟儀法及一切儀法，都加以論著，成為漢朝一代的儒宗。

漢與匈奴的和親

匈奴是古代北狄的一種，佔據了內外蒙古的地方，人民的風俗習慣，完全和中國不同。他們因為地方多沙漠，既沒有田地可種，也不作工，也不經商，專做畜牧的事業，所畜的獸為馬、牛、羊、駱駝等類，食的是獸肉，穿的是獸皮，完全靠着畜牧為生活。他們的住所，也沒有一定，祇要選擇有水草的地方，能夠養活他們的獸類，便在此住下，等到草吃光了，又另選擇過一處。

他們除養家畜以外，還要獵取野獸，所以當兒童的時候，就練習弓箭，騎着羊出外去射鳥鼠，到了年齡稍大，就去射獵狐兔。個個身體強壯，都是國家的健兒，一旦國家有事，都可以拿了刀矛弓箭，齊赴前敵，他們習慣了和獸類鬥爭，便把這戰爭也不當作一回什麼事。

他們羨慕着中國服食器用的文明，就逞着野性

常來中國境內奪取。自周朝以來，幾次侵入中國的境內，鬧出大亂子，殺周幽王的犬戎，便是匈奴中的一種。但是他們的意志，不是侵略土地，是在搶劫東西，祇要擄掠得飽了，便呼嘯的去了。到秦始皇時為着防備匈奴，築起萬里長城，還使了蒙恬將兵數十萬去防禦，匈奴纔不敢和中國為敵。後來秦朝亡了，撤退了防禦的兵，匈奴依然要侵犯中國的邊境了。

當漢高祖時，匈奴的勢力還小，最強大的是匈奴東方的東胡，和西方的月氏，匈奴也常要受這兩大國的欺凌。而在這時，匈奴出了一個英明的君主，名叫冒頓，滅了東胡，打破了月氏，成為強大的匈奴，於是漢朝從此多事了。

匈奴的君主，叫做單于，冒頓本是單于頭曼的太子，後來頭曼的愛妾，又生了一個少子，頭曼的意思，想廢掉冒頓的太子，立少子為太子。於是使了冒頓到月氏國做兩國講和的抵押品，而頭曼又發兵去打月氏，月氏便要殺冒頓。冒頓偷了月氏國的一匹駿馬騎着，飛奔的逃回匈奴來了。頭曼以為冒頓很勇敢，大加稱賞，便命他為將，統帶着許多

兵馬。

冒頓既然為將，便每日帶領兵士，練習騎射，自己造了一種響箭，命令兵士們道：「我的響箭射到某處，你們應跟着一齊發射，違令的斬頭。」由是在野外獵取野獸，及無論什麼時候，都照着這命令行事，有幾次兵士違了命令的，都立即斬首示眾了。一次他對着他的駿馬，射了一響箭，兵士們卻有些不敢跟着發射的，他立即把不發射的斬了頭。後來他又對着他所最寵幸的愛妾，射一響箭，兵士們又有不敢發射的，他也把他們都斬了頭，不久，他帶着兵士出獵，遇着單于頭曼的一匹駿馬，他對着這馬射一響箭，兵士們一齊跟着發射，沒有一個敢違令的。於是他知道他的兵士可用了。後來他跟着他的父親單于頭曼出獵，他對着頭曼射了一響箭，兵士們也一齊跟着發射，便射死了頭曼，還將他的後母和少弟都一概殺了，於是自立為單于。

東胡的君主聽得冒頓殺父自立，便使了人來對冒頓說道：「從前頭曼有一匹千里馬，請你送給我。」冒頓便把這事對羣臣商議，羣臣都說道：「這是匈奴中的寶馬，不能送給人的。」冒頓說：「怎麼不顧

及鄰國的交誼，而愛惜一匹馬呢？」就將這千里馬送給了東胡。東胡以為冒頓怯弱，又使人對冒頓說道：「請在單于的妻妾中，選一個美好的送給我。」冒頓又把這事和羣臣商議，羣臣都說道：「東胡無理已極，請即發兵去攻打東胡。」冒頓說：「怎麼不顧鄰國的交誼，而愛惜一女子呢？」就將他所最愛的美妾送給東胡。東胡由此更加驕傲。匈奴和東胡的交界處，有荒地千餘里，為人跡所不到之處，東胡使人來對冒頓說道：「我國和貴國交界處的荒地，貴國從沒派人管理，請讓給我罷。」冒頓把這事和羣臣商議，羣臣中有的說道：「這是荒廢之地，可以讓給他。」冒頓卻大怒道：「土地是立國的要素，怎麼能讓給別人呢？」便把言讓給土地的羣臣都殺了，即刻興動全國的兵，自己率領，漏夜出發，向東胡襲擊。東胡是素來輕視匈奴的，沒有一點防備，冒頓的兵一到，把東胡的兵，打得大敗，將東胡王殺了，還將東胡的民眾的畜產都擄了回來。冒頓又發兵打破了月氏，盡恢復了從前秦朝蒙恬所侵奪的匈奴的土地，於是匈奴的國勢強大，各種胡族都來歸附，對於漢朝就不斷的侵略了。

冒頓率兵侵入中國的河北、山西一帶，勢甚兇惡，人民大受他的蹂躪。漢朝復興封建，封韓王信於代縣。冒頓攻破了代縣，韓王就降了匈奴。於是冒頓更進攻太原，到了陽下，深入中國的內地。漢高祖祇得親自率兵出擊，這時正當冬季，大雪嚴寒，士兵的指頭多因凍僵而脫掉的。冒頓遇着漢兵，假裝敗走，漢兵乘勝窮追，冒頓又把他的精兵隱藏着，漢兵望着盡是老弱殘兵，益發窮追不捨，漢高祖到了平城（在山西大同縣），冒頓出精兵三十餘萬，把漢高祖圍困於白登（離平城十餘里），很是危急。漢朝的臣子，不能發兵相救，乃用了陳平的計策，使人繪了中國美女的圖形，送給匈奴的閼氏（匈奴稱皇后為閼氏），並且說道：「漢朝將以此美女，和冒頓講和。」還送給閼氏許多的寶物。於是閼氏恐怕漢朝進了美女，奪了她的寵愛，就對冒頓說道：「得了漢朝的土地，匈奴是不能守的。並且漢朝皇帝是天神，不宜圍困他。」冒頓信了閼氏的話，開圍一角，漢高祖被圍已七日，纔得由開角衝殺出來。於是兩方都罷兵回去。

從此冒頓擁着幾十萬大兵，稱雄北方，出入中

漢使送美女圖給關氏

國的邊境，便沒有忌憚了。漢高祖自受了平城的圍困，那裏還敢出兵，為了這事心裏很憂悶，便和臣子劉敬商量應付的計策。劉敬說道：「今天下剛纔安定，士兵已疲弊極了，若再用武力去平定匈奴，那是不行的。冒頓殺父自立，佔了父親的妻子做自己的妻子，說他以仁義，也是不行的。臣有一計，使匈奴子孫永遠臣服漢朝，但恐陛下不能行呢。」高祖說：「祇要能有益國家，為什麼不能行呢？」劉敬說：「陛下若能以親生的公主，嫁單于為妻，匈奴以為尊貴，又貪圖漢家的重幣，必然尊為閼氏，將來生子，必為太子。冒頓在，則為子婿，則外孫為單于，豈有外孫反抗外祖的麼？這是不用兵力使匈奴臣服的妙計。」

高祖聽了劉敬的計策，很加稱讚，便要把他親生的女兒長公主嫁冒頓為妻。呂后聽得要把他的女兒嫁給匈奴，很是傷心，便日夜哭泣，說道：「我所生的，祇有一子一女，怎麼忍心捨棄到匈奴呢？」呂后和高祖是同自微賤出身的，高祖常加以敬愛，所以不能相強，祇得取了家人的女兒，名為長公主，使人往匈奴訂結婚約。高祖派了劉敬送長公主到匈

奴。冒頓得了漢朝的公主為妻，果然很喜歡，漢朝又不時使人送給幣帛食物，由是兩家很親密，冒頓也尊漢朝為丈人了，漢朝的邊境，藉此暫得安寧。

後來高祖的兒子文帝也用這和親的方法，去羈縻匈奴，將漢朝宗室的女兒，又嫁給冒頓的兒子稽粥單于為妻，並且約為兄弟，送給許多的珍貴物品，邊境也得着安寧。

到了高祖的曾孫武帝的時候，他便和匈奴斷絕和親，派兵征伐，屢次大敗匈奴，把河套和甘肅一帶都奪過來了。從此以後，匈奴勢力日衰，內亂時起，不到幾十年，單于竟歸降漢朝了。

十五　張騫的交通西域

　　漢朝時候，新疆一帶的地方，稱為西域。這地方的民族很多，分做好幾十國；新疆以西的地方（今屬俄國），也建立幾個大國。這些國有畏懼匈奴聽他號令的；有和匈奴相仇的。但是在漢武帝以前，西域諸國和中國從沒通過來往，都祇得到道路的傳聞，西域諸國仰慕中國的寶貴，中國也嘆羨西域諸國的廣大，為着交通的不便，竟沒有冒險的人來探討個究竟。

　　漢武帝為着要征伐匈奴，極想聯絡西域，又聽得匈奴來漢投降的人說道：「匈奴打破了月氏國，殺了月氏國王，把月氏國王的頭，拿來做盛酒的器皿；因此月氏國人痛恨匈奴，深入骨髓，幾次想圖報復，祇是缺少幫助的。」武帝便要發了使者到月氏國去聯絡。但是由漢朝到月氏國，須要經過匈奴，很是危險，武帝便命召募勇敢能幹的人，出使

西域。

　　這時張騫在漢朝為郎（官名），便去應募出使西域。武帝大喜，賜給張騫隨從百餘人，並備辦一切食用的供給，還找得一個從匈奴投降的堂邑父做陪伴。於是張騫一行百餘人出發，從隴西（即甘肅）出匈奴。匈奴人很注意他們的行動，得知是要到西域的，便將張騫等捉了，送到單于處。單于說道：「月氏在我國的北方，漢朝怎麼能派得使者去？假如我國要派使者到南越，漢朝能准許我們通過麼？」單于於是將張騫扣留，派人監視着，但是很加優待，還將匈奴女子嫁給張騫為妻。

　　張騫在匈奴中被扣，住了十餘年，他的胡妻也生了幾個小孩子了；但是張騫的心思，仍然是沒有一天不思念漢朝的。他乘着監視的人一時疏忽，便約着他的同伴，一齊逃走，逃得出來，逕向西行，走了幾十天，經過沙漠荒涼之地，一切的供給都沒有，飢餓的時候，幸虧同伴堂邑父是胡人，習慣了射獵的方法，獵取禽獸來充飢，一路辛辛苦苦，纔到了大宛國（在新疆西，今屬俄國）。這大宛國素來聽得漢朝的富足，很是羨慕的，今見着漢朝的使

張騫和堂邑父在沙漠中走

者來了，很是歡喜，便問張騫的來意。張騫回說：「我是漢朝派來出使月氏的，為匈奴所扣留，今得逃脫，要請國王派人導送我到月氏去。將來得回漢朝，漢朝必然要多送財物為報答。」大宛國王聽了，信以為然，便派人送張騫等到了康居國（今新疆北和俄領中亞地），再由康居國到了月氏國。這時月氏國王已被匈奴所殺，月氏王后立為國王，遷到大夏國（今阿富汗北部）去了。張騫又到了大夏國。但是月氏自遷大夏後，因為地方肥饒，人民安樂，又以為隔漢朝太遠，沒有報仇的心思了。於是張騫所負的使命，要聯絡月氏去攻打匈奴，便沒有成功。然而因為張騫的為人，品格高尚，蠻夷的人沒有一個不加愛慕，西域諸國信仰漢朝的心思，更堅固了。

張騫在大夏住了一年，既不能達到目的，祇得回漢朝來，經過匈奴，又被匈奴所捉，仍然扣留着。過了一年，恰遇着單于死了，匈奴內亂，張騫就帶了他的胡妻，和堂邑父一同逃回漢朝來了。這次張騫出使西域，走了一十三年，同行的百餘人，回漢時祇剩得張騫和堂邑父二人了。武帝嘉獎他們的功勞，拜張騫為大中大夫，堂邑父為奉使君。

後來張騫跟着大將軍去征匈奴，因為在匈奴住得很久，地形熟悉，知道水草的處所，軍行不感困難，所以大破匈奴，武帝加封張騫為博望侯。

漢武帝自打敗了匈奴，更加想聯絡西域，以圖解決匈奴；並且武帝是個好大喜功的皇帝，聽得西域廣大，國數眾多，便想方設法使來歸服，博得個四夷來朝的美名，於是幾次召了張騫入朝，詢問西域的情況。張騫知道武帝的意思，便對武帝說道：「臣在匈奴時，聽得有個烏孫國（在今伊犂），國王名叫昆莫；他的父親名叫難兜靡，和月氏國都是祁連、敦煌間的小國。月氏國攻破了烏孫國，把難兜靡殺了，土地也奪取了，烏孫的人民都逃到匈奴；那時昆莫還是初生的嬰孩，烏孫的臣子布就抱他出外逃難，將昆莫放在草中，另去尋覓食物，等得布就回來，見一母狼正在餵乳給昆莫吃，還有一隻大鳥，嘴裏啣着肉食，正在飛翔昆莫的旁邊，布就驚以為神，便帶了昆莫也逃到匈奴。單于很是喜愛，命人小心養着，到了昆莫年長，單于將烏孫的民眾，給他統帶，並命他為將，昆莫屢次出外打仗，很立了些功勞。這時月氏已被匈奴攻破，月氏

國人西走，攻破塞國，佔了塞國的土地，又立起國來。昆莫便請求單于，要去攻打月氏，報復殺父的仇怨。單于允許了，於是昆莫帶兵西行，攻破了月氏，月氏人又向西逃走，遷徙到大夏；昆莫便據了塞國的土地，也立起國來。恰遇單于死了，昆莫就不肯事奉匈奴了，匈奴幾次派兵來打，都被昆莫打敗，匈奴便以昆莫為神，不敢和他為敵了。今匈奴剛纔被我漢朝打敗，昆莫也恨着匈奴，又懷戀着舊地，當這時候，祇要使人去聯絡昆莫，多給他一些財物，許他和漢朝結婚，他必然聽從，那末，真是斷了匈奴一個右臂，烏孫既然歸服漢朝，那就大夏等國也容易招來了。」

武帝聽了，很是歡喜，又命張騫出使西域，給張騫將校三百人，牛羊以萬計，金寶幣帛所值計千萬數，還設幾個副使，以便分道去使各國。此次張騫出使西域，是當匈奴新敗之後，單于退居漠北，並且西域的道路，已經熟悉，所以一直到了烏孫，又分發副使到了大宛、康居、月氏、大夏等國，把帶來的牛羊金帛，盡賞賜各國，還宣傳漢朝的德意，西域各國異常感激。張騫回漢的時候，各國派

人導送，烏孫派了使者數十人，駿馬數十匹，和張騫一同來漢朝，報謝武帝。從此西域交通開發，以後的使者，來往不絕了。後來烏孫與漢朝結婚，西域各國都歸附漢朝，匈奴的勢力便孤弱了。

張騫死後，中國使者皆稱博望侯，以見信於西域。自此西方的文化，逐漸輸入中國，單講植物，像葡萄，蓿苜，安石榴……都在這時輸入的。張騫冒險，不顧死生，開通西域的孔道，這是中國的探險家，很值得後人崇拜。

十六　王莽的篡漢

　　王莽是漢朝的外戚，他的姑母，便是漢元帝的皇后。在漢元帝和成帝時，王家最為貴盛，子弟都封了侯爵，掌管朝政，同時一家中，有九個封了侯爵的，五個做了大司馬官的，聲勢煊赫，榮耀一時。祇有王莽的父親因為早死，沒有封受侯爵。王莽的兄弟們，都是將軍五侯的兒子，仗着尊貴，窮極奢侈，終日鬥雞走馬，講求聲色的快樂。但是王莽卻表現着孤兒寒素的狀態，待人很謙恭，自己又很儉樸，專事發憤讀書，常穿着儒生的衣服，在家事奉母親很孝順，對於他的寡嫂和亡兄的兒子，尤其看待得周到。侍奉他的伯叔父很能盡禮，又在外交結了一些英俊有名之士，於是王莽很博得家庭中和社會上的稱讚。

　　他的伯父王鳳為大將軍，掌握朝政，很為漢成帝和王皇太后所信任，年紀已老，積勞成病；王莽在側侍奉，很是殷勤，比孝順的兒子還要好，飲藥

先要親自嘗過，徹夜不睡，勞苦月餘，弄得愁瘁不像人形了。王鳳很是感激，知道自己將死，便囑託王皇太后維持王莽。後來王鳳死後，果得着王皇太后的力，漢成帝封王莽為新都侯。

王莽自受封侯爵以後，更加謙恭，盡散了家財，交結賓客，招收國中的名士，當時的將、相、卿大夫，沒一個不為王莽所交納的。於是王莽得着朝野的稱譽，他的名譽，駕乎他的伯叔父之上了。這時他的叔父王根為大司馬，因為他的聲譽日高，又有朝中的卿大夫，交相推薦，便自請退位，也推薦王莽。因此成帝就陞王莽為大司馬，掌管朝政了。

王莽既得輔佐朝政，要想地位高出人上，就聘請一些名賢，給以官職，把所得的俸錢，盡分給一些士子，自己更加儉約。他的母親病了，一些公卿諸侯的夫人來看病，他的妻子穿着破敝的衣服，出外迎接，那些公卿諸侯的夫人，見了以為是女僕，後來問了纔知道是王莽的夫人，都大驚異，由是王莽的名被人尊敬若神聖了。

王莽輔政一年，成帝死了，哀帝即位，王莽自請避外家嫌疑，辭去官職，說得很懇切。哀帝不忍違拂

他的意思，命他歸新都侯職，於是王莽離了朝中，到新都就職了。王莽到了新都，閉門自守，對於國家的政事，不敢干預，專意愛護新都的百姓。有一回，王莽的兒子獲打死了一個家奴，王莽以為家奴同是人家的子弟，殺人須償命，便痛責兒子，迫令王獲自殺。王莽在新都三年，吏民都感他的恩德。於是官吏上書皇帝，言：「王莽當掌朝政，不當僻處新都的。」有百數十起。哀帝聽了，召王莽還京師。

王莽還京後，哀帝死了，沒有兒子，王莽便和羣臣，迎立中山王為帝，是為平帝。這時平帝年纔九歲，一切政事，都由王莽處理。王莽用了一班腹心的人做黨羽，把不服他的人，盡假着罪名誅滅了。又由王莽的黨羽，盛言王莽的功德，有安定漢室的功勞，宜加封為安漢公。朝中的羣臣，都同聲附和。皇太后照着羣臣的請求，封王莽為安漢公。

沒有幾年，平帝死了，王莽在宗室王侯中，選了廣戚侯的兒子嬰，年纔二歲，假託卜相最吉，立為皇帝。由王莽代行皇帝的政事，稱為假皇帝。

梓潼人哀章，素無品行的，遊學長安，見王莽稱假皇帝，便乘此機會，圖得官祿，做成兩個銅

匱，一個署名為「天帝行璽金匱圖」，一個署名為「赤帝行璽劉邦傳予黃帝王莽金策書」。匱中藏着黃衣，捧着兩個銅匱，送入高祖的廟中。守廟的官吏，便去報告王莽，王莽親自着了王公的禮服，到高祖廟中，敬謹的拜受。

王莽便將天神所賜金匱圖的意思，佈告天下臣民，為不敢違背天命，實行即真天子位，改國號叫新。把子嬰的皇帝廢了，改封定安公。王莽還親握了子嬰的手，流涕說道：「從前周公代理成王，後來周公畢竟歸還政事。今我獨為天命所迫，不能如我的意。」說畢，還嗟嘆了好久。

王莽做了天子以後，賦稅繁重，民不聊生，盜賊大起，據了州郡，稱兵反叛。有琅邪的女子呂母，因為她的兒子在縣中為吏，被縣令冤殺了；呂母受了冤屈，無處可伸，憤恨極了，盡散家財，沽了許多酒，買了些兵器，交給許多貧窮的少年，在家飲酒習技，漸集合百餘人，就攻入縣城，活捉了縣令，殺了頭去祭她兒子的墳墓。然後一齊避入海中，又召集流亡，糾合了萬人，便成為大股的盜匪了。這時盜匪眾多，到處皆起，不過這女子為盜，是很可驚奇的。

還有漢兵也起自南陽，後來聲勢漸大，更始立為皇帝。王莽異常恐懼，派了大兵去討伐，在昆陽被漢兵打得大敗，王莽的大勢，從此去了。王莽心裏愁悶，弄得寢食不安，便做照古時國有大災，向天哭泣求救的舊例；親自率領一些臣子，出南郊祭天，並且禱告道：「皇天既然命我為天子，何不絕滅一些盜賊？若是我有罪，請用雷霆誅殺我。」禱畢，搥胸大哭。羣臣跟着也一齊大哭，一時哭聲震天，充滿了悲哀的空氣。哭得气盡了，就伏着叩頭如搗蒜一般。還使了一些儒生，每天早晚，祭天哭泣。但是任憑祭得如何誠懇，天也沒有靈驗，漢兵着着的四面圍攻到長安來。王莽將獄中的囚犯，盡行赦出，都給以兵器，令他們去守城禦敵，又恐怕囚犯們不肯盡力，便殺牲飲血，令個個對天設誓道：「有不替新朝盡力的，鬼神誅罰。」後來漢兵圍的日益加多，長安遂被攻破，王莽為漢兵所殺。漢兵爭殺王莽的功勞，把頭身肢節斬成數十段。

　　王莽死了，漢更始入長安稱帝，但是不久又被赤眉賊攻破，長安宮室，盡被焚燬。等到光武帝打平了赤眉，統一中國，漢朝纔得復興了。

十七　光武帝再建漢室

　　漢高祖的九世孫劉秀，當王莽時，已降為庶民了，住在河南的南陽，性好耕種，以農為業。他的哥哥伯升，性情豪俠，好交結賓客，常笑劉秀沒有大志。

　　當王莽的末年，連歲遇着饑荒，盜賊四起。劉伯升的家裏，養着許多賓客，內中良莠不齊，便有從為盜賊的，因此官吏捕盜，就牽累到劉伯升家裏。劉秀恐怕惹禍，就逃避到了新野。宛人李通善符命之說，對劉秀說道：「劉氏當復興，李氏為輔佐。」劉秀聽了，起初以為不敢當這符命。但是想到伯升，素喜結交賓客，必然會舉大事。又見了王莽的行事，必遭敗亡，天下已成大亂之勢。於是和李通之弟李軼同謀起兵，買了許多兵器，蒐集一些壯士，沒有好久，就集合數百人了，劉秀帶着，回到南陽來。這時劉伯升早已聚眾起兵，見劉秀也領

兵到來，喜出望外，便會合為一了。

當劉伯升起兵的時候，所招集的兵士，多半是良家子弟，都懷懼禍的心思，說道：「劉伯升將來會害死我們。」於是有些逃亡的。等到劉秀也帶兵來會合，一些兵士見了，都大驚異，齊說道：「劉秀是素來謹慎的，尚且如此，我們還懼怕什麼呢！」由是軍心纔安。

劉伯升兄弟的兵，既然會合了，便去攻取郡縣。劉秀當起兵時，沒有馬匹，祇得騎牛代馬，後來攻破新野，纔得着馬騎，兵勢漸盛，將南陽附近的郡縣，都取得了。於是立劉聖公為天子，稱更始帝，伯升為大司徒，劉秀為太常偏將軍。然後劉秀又率領諸將攻破了昆陽（河南葉縣）、郾城、定陵等縣，得了許多牛馬財物，軍聲自此大振了。

王莽聽了，異常恐懼，就命了大將軍王尋、王邑，帶兵百萬，旌旗輜重，千里不絕，浩浩蕩蕩，殺奔昆陽而來。還有一個長人，名叫巨無霸，身長一丈，腰大十圍，做軍中的壘尉；又驅了一些猛獸，如虎、豹、犀、象之類，以助威武。自秦漢以來的出兵，從沒有這樣熱鬧的。

這時劉秀在昆陽，共計兵士祇有八九千，諸將都異常恐懼，要想各自逃散，劉秀對諸將說道：「今我兵既少，敵兵眾多，我們同心合力，纔可希望建功立業；若要分散，勢必個個為敵人所擒，祇要昆陽一破，各處都不能守，我們沒有容身之地，性命都不能保，何況妻子財物呢？」諸將聽了，還有些不相信，都怒氣衝天的說道：「劉將軍怎麼敢說這大話呢？」正在說話的時候，恰有偵探的兵士來報告道：「敵兵從城的北面來了，烏壓壓的擺列數百里，還不知道後面有多少人數。」諸將聽了，更加驚惶失措，便對劉秀說道：「請劉將軍定出退敵的妙計來。」於是劉秀分派諸將守城，自己和李軼帶領十餘騎，從南城出；這時莽兵到城下的已有十萬，幸虧城南的圍攻，還不完密，劉秀奮勇殺出，纔得到了郾城和定陵。

劉秀既到郾城、定陵，便要盡發兩縣的守兵，去救昆陽，諸將有些愛惜財物的，都要分兵留守。劉秀對諸將說道：「今若破敵，成了大功，珍寶將任我們所取；若為敵所破，我們性命尚且不能保，還能顧及財物麼？」於是盡發兩縣的守兵，共得數千

人，劉秀和諸將率領，前往救應昆陽。

王尋、王邑統領大兵，一到昆陽，便把昆陽城，重重圍住，所紮的營有數百起，旗幟插遍了野外，塵埃飛滿了天空，戰鼓擂得震天價響，聲音達於幾百里以外。又開了地道，從地道中進攻。還有十餘丈高的梯子，俯視城中，將亂箭向城中發放。昆陽的守兵，已經死亡不少，實在抵禦不住了，便請莽兵停攻，自請投降。王尋、王邑以為馬上要攻破了，不許他們投降。劉秀和諸將帶了郾城、定陵的兵，去救應昆陽，自己率領兵馬千餘前行，和莽兵相隔祇四五里，便擺列陣式。王尋、王邑發兵數千去和劉秀應戰。劉秀奮馬獨出，斬殺數十人，諸將都歡喜，說道：「劉將軍平常見了小敵，很是膽怯，今見了大敵，卻有這般勇敢，真是奇怪。」於是諸將隨着劉秀，一同前進，莽兵退卻，劉秀乘勝又斬殺數百人。一連勝了幾次，就節節前進。諸將乘着戰勝的威風，膽氣大壯，沒一個不是以一當百，抖擻精神，向莽兵衝殺過來。劉秀又另自率領敢死士三千人，從城西衝破莽兵的中堅，莽兵的陣勢大亂，劉秀乘着銳氣，深入莽兵的陣地，把王尋

殺了。於是城內的兵，也開城鼓譟而出，內外夾攻，一片殺聲，震動天地，莽兵各逃生命，自相踐踏，死的不知其數。這時恰遇着天大風雷，雨下如注，河水暴漲起來，莽軍的兵士，爭先渡河，溺死的有萬多人，河水也因之不流了。王邑乘着死屍渡河，得以逃出活命。劉秀盡得着莽軍的輜重器械，大獲全勝了。

這時劉伯升被更始帝所殺，劉秀聽得，連忙趕回，自向更始謝罪，全不誇救昆陽的功勞，也不替伯升發喪，飲食言笑和常人一般，但是每日夜間就寢，傷心痛哭，枕頭都被眼淚流得透濕了。更始帝見了劉秀這般舉動，自覺異常慚愧，於是拜劉秀為破虜大將軍，封武信侯。

後來漢兵破了王莽，更始定都洛陽，命劉秀渡河北行，鎮撫河北各地。於是劉秀到了河北，所過州郡，盡除王莽的苛政，恢復漢朝的官儀，吏民大喜，爭先持了牛酒來迎勞。將要進至邯鄲，恰遇王郎在邯鄲自立為天子，懸賞十萬捉拿劉秀。劉秀以王郎新起勢盛，就繞道了薊縣。不料薊縣的子弟，正在起兵響應王郎，縣中洶洶，預備歡迎邯鄲

劉秀乘勝深入莽兵的陣地

使者。於是劉秀不敢停留，加鞭疾行，走了一日一夜，隨從的人都飢餓得不堪了，恰遇着路中有歡迎邯鄲使者的客館，劉秀便自稱邯鄲使者，走入客館中，客館也信以為真，忙招待進食。隨從的人因為飢餓極了，見食爭奪。客館中的人見着這般狀態，就疑心是假的。於是客館人也給說道：「真邯鄲使者到了。」劉秀究竟心虛，一聽這話，即刻逃走，不分晝夜的向南而行，這時天氣嚴寒，頭面被風颳得要破裂了，走到呼沱河邊，遇着冰合，纔得從冰上渡過了河。便到了信都。

劉秀在信都，報信舊部，又得着郡縣的歸降，漸合至數萬人了，於是招集諸郡，一同興兵討伐王郎，各地響應，都派兵援助，劉秀親自率領，進圍邯鄲，攻破了邯鄲城，將王郎殺了。由是河北都歸服劉秀。更始帝召他回洛陽，劉秀不肯，從此劉秀和更始分離了。

這時各地起兵自立為王的很多，又有銅馬、赤眉、大肜、高湖、鐵脛等盜賊，或是以山川土地為名，或是以軍容強盛為號，人數有幾百萬，聲勢很大，劉秀盡將他們次第降服，把賊中的頭目，封拜

官職。所以當時人有稱劉秀為銅馬帝的。

　　更始入了長安，後來被赤眉攻破，為赤眉所殺。劉秀把赤眉平定，纔到洛陽，建都稱帝，是為光武帝。漢朝從此復興，自漢高祖建都長安，至光武改都洛陽，所以後人稱前漢為西漢，後漢為東漢。

十八　黨錮之禍

　　自光武帝中興漢朝以來，專重儒學，所以儒學大盛。又招聘一些有氣節的儒者，提倡忠孝廉節，養成優美的習性，讀書的人，都知道愛國，不是專讀死書，還要注重國家的政治，尤其是不怕強權，遇着國家不好的政治，或是誤國的奸臣，必要盡量的指摘，從不肯阿諛附和，像西漢一班士大夫稱頌王莽的事，是絕對沒有的。

　　東漢傳到桓帝和靈帝時，信任宦官，朝中的政事，都出自宦官之手。這宦官本是受了閹刑的人，在宮中充當侍役的，祇因得着皇帝的寵愛，就拔擢出來，參預朝中的政事；而宦官更相交引，結成黨派，祇圖自己的利益，弄得國事日壞。

　　當時一班士大夫，都憤恨宦官當權，對於朝政，盡量批評，也結為黨派，互相標榜，互相稱揚，深得人民的同情，為全國人民所信仰。這時

洛陽的太學諸生三萬餘人，以郭林、宗賈偉節為首領，和李膺、陳蕃等相結交。他們雖沒握着朝中的政權，卻得着民眾的信仰，在社會上的勢力很大。於是有一班羨慕的人，上他們的尊號，稱之為「三君」、「八俊」、「八顧」、「八及」。竇武、劉淑、陳蕃為三君。李膺、荀昱、杜密、王暢、劉祐、魏朗、趙典、朱寓為八俊。郭林宗、宗慈、巴肅、夏馥、范滂、尹勳、蔡衍、羊陟為八顧。張儉、岑晊、劉表、陳翔、孔昱、范康、檀敷、瞿超為八及。稱「君」是為一世所宗仰的意思，稱「俊」是言人中之英俊，稱「顧」是言能以德行引導人民，稱「及」是言能引人宗仰。

李膺曾做漁陽太守，很有政績，又做過烏桓校尉，防守邊疆，也很得力，後來因事去官，在家講求學問，四方的學者來從他為師的達千人。他的學生，經他教育出來，都是志向很純潔的。有南陽人樊陵來求做他的學生，他見了樊陵的志氣不堅，竟不肯收受，後來樊陵果然依附宦官，做到太尉的官職，很為一般有氣節的人所恥。還有荀爽是當時有名的人，因為愛慕李膺，從沒見面，特從遠道來見

他，並且邀他同車，親自執御。荀爽歸家後，很是歡喜，對人說道：「我今日纔得替李君執御哩。」這可證明時人仰慕李膺的熱度，達到極點了。桓帝聽得李膺的賢名，召他為度遼將軍，和羌人打仗，很有功勞，又陞做河南尹。這是京師洛陽的執法官吏，他不避權貴，犯了罪的，要照律治罪，因此一般權貴人，都憚服他。後來又遷為司隸校尉，有宦官張讓之弟張朔，因做野王縣令，很是殘暴，竟至殺了無辜的孕婦，聽得李膺的嚴厲，自己懼罪，藏匿張讓家裏。李膺知道了，自己帶了吏卒，走到張讓家裏，捉了張朔，即刻殺了。張讓見殺了他的弟弟，就向桓帝哭訴冤枉。桓帝召了李膺親自訊問，李膺將張朔的罪惡，一一奏明了。桓帝聽了，對張讓道：「這是你弟的罪過，怎能怪及司隸呢？」由是朝中的宦官們，都怕了李膺的威嚴，縱有閒暇的時候，都不敢外出。桓帝怪問他們的緣故。宦官等叩頭哭泣回說道：「我們怕李校尉呀。」自此朝廷的綱紀，經李膺整頓起來。

李膺做河南尹的時候，郭林宗到了洛陽，這時林宗剛從學校中出來，來遊京師的。李膺一見郭林

宗，大加稱賞，就和他結為朋友，林宗的名譽，卻因此大震京師了。後來林宗離京回家，京中的士大夫，都設餞送行，親送至河上，馬車數千輛。林宗獨和李膺兩人，同舟渡河，眾客望着他倆，都以為是神仙。

郭林宗因見朝政紛亂，不肯做官，所以終身不仕，他很有知人之明，最好獎勵士類，凡經他所提攜的，後來都成有名之士。林宗身長八尺，容貌魁偉，寬衣博帶，周遊郡國，有一次，他在路上遇着雨，把所戴的巾帽，折了一角。於是當時人都把巾帽特折一角，稱為「林宗巾」。這可見時人的仰慕。

一次，林宗出外遊行；有陳留人茅容，年已四十餘歲，正在田野耕種，遇着大雨，避雨樹下，同伴的人，都踞蹲的相對坐了，獨茅容正襟危坐，這時林宗恰經過此地，見了很是奇異，就和茅容攀談，並請到茅容家裏寄宿。次日茅容殺雞為饌，林宗以為是餉客的，到了進饌的時候，茅容盡將雞肉供奉他的母親，自己和客共食蔬菜。林宗忙起立對茅容致敬道：「你真是賢人了。」就勸茅容求學，後來茅容成了有名的儒者。

又林宗在太原，見一人正荷着瓦甑行走，忽然瓦甑墮落地上，那人好像沒事，頭也不回，逕自去了。林宗很覺得那人奇異，就追上去問他是什麼意思。那人回答道：「瓦甑已經破了，我縱然回頭一看，又有什麼益處呢？」林宗很拜服那人的見識，當即問了那人的姓名，知道是孟敏，便勸令求學。後來孟敏也成了有名的大儒，朝廷請他去做官，他竟不肯去。

這時宦官侯覽、曹節，正在當權，見了李膺和一班名士交結，有這樣的負時譽，又時常議論他們，心裏懷恨得很，極想藉端陷害。恰遇着河內人張成是善占卜未來之事的，卜了當有大赦，就教他的兒子殺人，後來他的兒子果然遇着大赦，得以免罪。李膺在這時為河南尹，知道這事，極為憤恨，就獨於張成的兒子不赦，竟致案殺了。張成因為善於占卜，和宦官們素有交結。便上書告李膺等養太學遊士，交結諸郡學生，結成黨羽，誹謗朝廷，壞亂風俗，於是天子大怒，捕捉李膺等，囚在獄中，當時受牽連的名士有二百多人，內中有許多逃走的，便派了使者四出緝獲。後來朝中的大臣，上書

訴說李膺的冤枉，皇帝纔將李膺等赦免了。但是黨人的名冊，還存在朝中，削奪終身做官的權利。

自後宦官勢大，假着黨人的罪名，把一些正人君子，都加以摧殘。這時竇武為大將軍，陳蕃為太傅，共秉朝政，見着宦官如此的猖狂，就密謀誅殺宦官，便引用一些名士，來做幫手，如李膺等都起復為官了。但是他們的事機不密，被宦官們知道了。於是宦官曹節假着皇帝的詔命，發兵圍攻竇武，當將竇武捕殺了，陳蕃也被殺。李膺等一班名士，都被逐為庶民。

宦官們雖然把竇武、陳蕃殺了，但是黨人散居於民間，還很有勢力，是他們的敵人，便想要用一網打盡之計。名士張儉是被稱為「八及」中人，和宦官侯覽是同鄉，侯家倚勢欺人，魚肉鄉民，張儉曾上書彈劾侯覽的罪惡，所以侯覽很是恨他。又有朱並是鄉中的無賴，素為張儉所厭惡，朱並也懷恨張儉，便上書告張儉勾結黨人，圖謀作亂。宦官又從中慫恿，天子大怒，便大捕黨人，將以前黨人案件同時並發，於是天下名士，盡被拘捕，如劉淑、李膺、范滂等百餘人盡死獄中，門生家屬盡被牽連，

做官的禁錮終身，天下騷動了。張儉逃亡於外，未遭殺戮；郭林宗因為素來和平，沒有仇怨，此次沒受牽連的累。自黨禍興起，朝中的正人絕跡，都是倚附宦官的，國事更壞了。後來黃巾賊起，國勢危急，纔將黨禁解除，起用名士。但是大勢已去，雖有賢士，也不能挽回，漢朝的天下因此滅亡了。

十九　赤壁之戰

東漢自黃巾賊起，國勢危急，各地豪傑都起義兵討賊，後來各據州郡，自稱名號，成了羣雄割據之勢。曹操挾着天子漢獻帝，假名漢相，佔有中原之地，勢力強大。這時孫權據了江東，劉表佔有荊州，劉備屯兵小沛，都是和曹操為敵的。

曹操本想統一中國，自己來做天子，便出兵攻打小沛，把劉備打得大敗，劉備沒有安身之地，祇得投奔劉表。曹操又發兵攻打荊州，這時劉表死了，兒子劉琮繼位，懦弱無能，聽得曹操要來攻打荊州，嚇得手忙腳亂，就自請投降。於是曹操進據荊州，盡得劉表的水軍步兵船隻，有數十萬。曹操便要順着長江而下，攻打孫權，就備了艨艟戰艦數千艘，水軍步兵八十萬，沿着長江，水陸並進，浩浩蕩蕩，殺奔江東來。

當劉表死了的時候，孫權知道荊州是很緊要的

地方，為長江通中原的門戶，於江東很有關係的，不知劉表的兒子是否能守得住，所以很為罣心，便派了魯肅到荊州，借着弔喪為名，其實是要探聽劉琮的情形。魯肅到了夏口，就聽得曹操出兵攻打荊州的消息，一到南郡（今襄陽南），更聽得劉琮已將荊州投降曹操了。當曹操進據荊州，劉備也便倉皇奔走，想南渡長江，另謀棲地。魯肅恰和劉備在路中相遇，於是他倆同到了夏口。這時諸葛亮隨着劉備，魯肅一見諸葛亮，很是欣服，便結為很好的朋友。魯肅又勸劉備和孫權同心合力，抵禦曹操。劉備很以為然，便使了諸葛亮和魯肅一同至江東。

孫權聽得曹操統領八十萬水陸大兵，來攻江東，便召集羣臣商議對付之策。羣臣都異常恐懼說道：「曹操託名漢相挾着天子的命，來征伐四方，我們若是和他抵禦，成了違抗天子的命令，名義上很不順了，而且曹操新破荊州，得着劉表的水兵戰艦，加以原有陸兵，兵勢很盛，沿着長江，水陸並進，又握着地形的險要，以我們東吳的力量，實不可和他為敵，不若自請降服為妙。」孫權聽了羣臣的議論，心裏很是躊躇。這時魯肅已回了江東，

也參與這個會議。坐在旁邊，沒發一言，見孫權起身入內，便跟着孫權入內，孫權握着魯肅的手，問道：「你的意思怎樣？」魯肅回說道：「眾人都可以降曹操，衹有你不能降曹操。譬如我們投降曹操，曹操依然要給我們的職位，我們還不失為國家的官吏；若是你投降曹操，東吳的州郡，還能為你所有麼？」孫權說道：「他們的議論，都使我很失望；衹有你的意思，正和我相同。」

孫權雖然贊成魯肅的主張，但是想到自己的兵力單薄，曹操的兵威強大，究竟猶豫不決。這時東吳的將軍周瑜在鄱陽教練水軍，很有謀略，是東吳特出的人才。魯肅便請孫權召了周瑜來商議軍國大事。於是周瑜應召入都。見了孫權，說道：「曹操雖然橫行天下，替漢朝剷除奸賊，今曹操自來送死，我們怎可放棄，反要降服他麼？況且曹操的兵，都是北方人，沒有習過水戰，他們捨卻鞍馬，來乘舟楫，很是不慣，這真是我們活捉曹操的機會到了，請給我精兵數萬，我必然要大破曹兵。」孫權聽了，纔決定了主意，說道：「曹操老賊，久想篡取漢朝的大位，所怕的是袁紹、袁術、呂布、劉備、劉表和

我，今他們數人都被曹操所破滅，祇剩了我存在，我和曹操，誓不兩立了。」於是召集羣臣，決定抵禦曹兵，孫權拔出佩劍，斫斷奏案的一角，對羣臣說道：「敢有言投降曹操的，便和此案一樣。」

周瑜又對孫權說道：「今曹操雖號稱八十萬眾，其實不過十五六萬，所得劉表的兵，亦不過七八萬，都打得很疲敝了，不足畏懼，臣請得精兵五萬，就足可抵禦了。」孫權回說：「你的話正合我意，五萬兵一時難以集合，我已選了精兵三萬人，船隻糧草都已預備好了，請你帶了魯肅即刻向前出發，我再當預備軍糧陸續接濟。」

於是周瑜率領水步兵三萬，沿江而上，和曹兵相遇於赤壁（今湖北嘉魚縣江濱）。起初和曹兵接戰，周瑜果獲大勝。曹操引着敗兵，退駐江北，周瑜便駐在江的南岸。

周瑜雖然打了一次勝仗，卻因曹兵眾多，並沒受大損失，兩下相持，畢竟敵不過曹操，所以心裏很為憂悶。後來見曹兵的戰艦，因為北方人不慣水性，恐怕船身顛簸，把船的首尾，盡用鐵環連鎖起來。這樣雖然免得搖動，但是一船着火，必然把

他船延燒盡淨。周瑜想了要破曹兵，祇有用火攻的一法。

　　周瑜的部將黃蓋，本是受了孫氏的厚恩，此次想圖報效，便和周瑜很秘密的商議，詐降曹操，以便從中放火。於是黃蓋假意說周瑜道：「曹兵眾多，我們實在不能為敵，不如早日降服為好。」周瑜聽了，也假裝大怒，說黃蓋意圖反叛，擾亂軍心，當即令推出斬頭。各營將官都跪着替黃蓋求饒，周瑜纔免了黃蓋的死，將黃蓋痛打一頓，打得皮開肉綻，很是痛苦。軍中的人都嚇得戰戰兢兢，卻不知道是他們計策。早有曹軍的偵探，將這消息報告曹操了。

　　黃蓋便寫了一封降書，使人送給曹操。內容是說：「周瑜小子，不明大勢，妄想以江東六郡之人，和中國百萬之眾對敵，不聽忠言，反要殘殺忠良，如今自顧棄暗投明，並約了於交戰的時候，先帶了船隻水兵，歸降曹軍。」曹操果然有幾分相信，對來使道：「祇要不是詐降，將來自當重賞。」

　　於是黃蓋先到了輕便的兵艦十艘，艦中盡藏了燥荻枯柴。又灌了許多油汁，外面把布幔遮蔽了，

艦的上面，插着許多旗幟。等到交戰之日，恰遇着東南風大起，黃蓋率了十艦前行，使了兵士齊聲大叫道：「投降軍到了！」曹軍的兵士都出營望着。黃蓋到了隔曹軍里多的地方，將兵艦一齊發火，火烈風猛，衝入曹軍的營中，曹軍的兵艦，盡被延燒，岸上的營壘，也被延燒了。曹軍大亂，周瑜率了精兵從後面追殺，雷鼓大進，曹兵嚇得爭先逃命，自相踐踏，死的不知其數，曹兵大敗，曹操退守南郡。劉備和周瑜合兵共追曹操。曹操抵敵不住，退歸中原去了。

自經赤壁之戰以後，東吳的勢力鞏固，後來劉備取得四川，稱為蜀漢。中國成了鼎足三分的局面。

二十　諸葛亮的鞠躬盡瘁

在東漢紛亂的時候，湖北襄陽縣的隆中村中，住着一個農夫，就是諸葛亮字孔明的。他一面讀書，一面耕田，自己覺得很是快樂，常以為自己的才幹，可比得古時的管仲、樂毅，但是和人的交接很少，當時的人都不知道他。祇有崔州平和徐庶是他很好的朋友，兩人異常欽佩，稱諸葛孔明確實有治國的才具。

劉備屯兵小沛，被曹操打得大敗，投奔荊州劉表，劉表使劉備屯兵新野。這時劉備為要恢復漢朝，和曹操爭天下，急於求賢幫助。徐庶是當時的名士，劉備很敬重他，要請徐庶做幫助。徐庶說道：「我的才具，能算什麼，如今有諸葛孔明號稱臥龍先生的，纔是奇才，將軍願見一見他麼？」劉備說：「我很願見，請你帶他同來，好麼？」徐庶說：「此人品性高超，從不去見王公大人的，祇可跑去見

他，召他是必不來的。」於是劉備祇帶着幾個親隨，親自走到隆中，到了諸葛亮住的茅舍裏，恰遇着諸葛亮不在家，劉備怏怏的回來。過了一會，劉備又去見諸葛亮，仍是沒有遇着，但是劉備心裏並不生厭，更加欣慕諸葛亮了；等到第三次走到隆中，纔得見了諸葛亮。劉備說道：「漢室衰微，奸臣害國，我想興復漢室，解除奸賊，先生將怎樣教我呢？」諸葛亮回說道：「曹操擁着百萬之眾，挾天子以令諸侯，這是不可和他爭鋒的。孫權據了江東，地勢險峻，賢才眾多，這祇可引為援助，不宜和他為敵。祇有荊州地當衝要，劉表的兒子，是不能守住的，將軍不要失了機會；還有益州，是富庶之地，正好建國，劉璋也不能守，將軍如果得了荊州和益州，纔可和曹操對敵，興復漢室了。」劉備很是歡喜，從此諸葛亮隨着劉備，兩人的情感，日益加密。劉備常對人說道：「我得了諸葛亮，好比魚得着水一般。」

　　曹操破了荊州，諸葛亮隨着劉備走到夏口。劉備使諸葛亮至東吳求救。這時孫權正在擁兵觀望，諸葛亮對孫權說道：「方今天下大亂，將軍（指孫

權）起兵，據了江東；劉豫州（劉備做過豫州牧故稱劉豫州）也聚眾漢南，共和曹操爭天下。如今曹操平定大難。破了荊州，勢不可當，所以劉豫州也逃到此地來了。將軍自揣力量，能和曹操對敵，便要速籌抵禦；若是自審力量不及，便要早日投降，今將軍外面表示服從，心裏懷着猶豫，那就大禍馬上要到了。」孫權說：「若是照你所說的話，劉豫州怎不投降曹操呢？」諸葛亮回說：「劉豫州是漢朝的後裔，蓋世的英雄，怎能抵首[13]投降曹操呢？」孫權聽了，憤然說道：「我有全吳之地，十萬之眾，又豈能受制於人麼？我的主意已決定了，這事要劉豫州纔能做我的幫助，但是豫州新敗之後，怎樣能當這大難呢？」諸葛亮說：「劉豫州雖然新敗，還有水軍萬人，曹兵不習水戰，又都疲敝了，將軍和劉豫州協力同心，必可破滅曹操無疑了。」孫權大喜，命了周瑜帶了水兵三萬，諸葛亮隨着軍行，和劉備合兵，大破曹操的兵於赤壁，劉備纔得着江南之地，再行整頓起來。

---

[13] 當為 "低首"。

後來劉備取得四川，在成都稱帝，封諸葛亮為丞相，劉備將一切國事，盡聽諸葛亮辦理。諸葛亮以為蜀地當劉璋懦弱之後，養成人民委靡的習性，便定出很嚴峻的法令，犯法的定要嚴厲治罪，一秉至公處理，把國政治理得很好，人民不但不怨恨他，而且很感激他，他又主張對外聯絡東吳，共禦曹操。

　　不幸關羽被東吳所殺，劉備親自帶兵去攻打東吳，要替關羽報仇。諸葛亮幾次諫阻，都不肯聽，劉備果然打得大敗，回到白帝城，病得很是危險，就召了諸葛亮來囑託後事。劉備對諸葛亮說道：「你的才能，十倍於曹丕（曹操的兒子），必能安定國家，成就大業。我的兒子，可以輔佐，你就輔佐他；若是不才，你就自取了。」諸葛亮涕泣回說道「我盡我的忠心，竭我的力量，到死方休。」劉備又告誡兒子道：「你和丞相同事，當事奉丞相如父親一般。」劉備死了，諸葛亮奉了劉備的兒子劉禪即位，稱為後主。

　　劉後主本是個懦弱昏庸的君主，但是卻能聽從父親的命令，把一切國政，盡聽諸葛亮治理。諸葛

亮為要不辜負劉備的囑託，便想趁着自己在世的時候，打破曹氏，恢復漢朝，就先和東吳和親，結為與國。又以為北伐中原，恐怕南蠻抄襲後面，於是親自帶兵去征伐南蠻。

諸葛亮到了南方，很打了幾次勝仗；但是諸葛亮此次征蠻，務要使他們心服，免得後來反覆，聽得蠻中的領袖孟獲，很得蠻人的崇拜，便下令軍中，務要活捉孟獲。諸將得了命令，都猛勇的前進，果然將孟獲活捉了。諸葛亮帶了孟獲盡觀治軍的營陣，問道：「你們心服了嗎？」孟獲回說：「我因為不知你軍的虛實，所以被你擒獲，若祇如此，下次定能取勝。」諸葛亮笑說道：「我就放了你，下次不要再為我所擒獲了。」果將孟獲放回蠻中，後來孟獲又和漢兵交戰連被漢兵擒獲七次，諸葛亮每次放孟獲回去。到了最末一次，孟獲回說諸葛亮道：「丞相真是天威，南人以後不再反了。」於是南蠻盡行歸服，諸葛亮仍用了蠻中的酋長做統帥，蠻人更加悅服。

南蠻既然平定，諸葛亮再加整頓兵馬，出師伐魏，魏國派了司馬懿率兵抵禦。諸葛亮率領諸軍，

北出漢中，進駐沔陽（屬漢中地），命了大將魏延和諸將並兵東下，司馬懿領兵二十萬，前來應敵，直逼近了沔陽城。這時沔陽城中，兵少力弱，要追回魏延，已來不及了，諸將都驚惶得很，諸葛亮毫不慌忙，命軍中偃旗息鼓，大開城門，自己彈琴作樂，兵士們灑水掃地，表示很安閒的樣子。司馬懿到了城下，見了這種模樣，以為諸葛亮一生謹慎，必然內有伏兵，不敢入城，便引兵向北去了。於是諸葛亮脫了危險，纔得會合大軍，後來司馬懿知道是空城計，頓足悔恨。

於是諸葛亮親率諸軍，出攻祁山，南安、天水、安定三郡，都叛魏降漢，中原震動，魏國的君臣，大為恐懼，後來因為馬謖違了命令，被魏將張郃打得大敗，諸葛亮祇得退回漢中。第一次北伐，沒有得着功效。再行整頓軍馬，又親自率領，二次出兵祁山，斬殺了魏將王雙，軍威大振，攻下了武都、陰平二郡，但是因為糧草不能接濟，祇得退兵而還。以後幾次出兵祁山，都因為糧草不繼，沒有得着功效，諸葛亮就運用心思，造出木牛流馬，用機關製成，能自己行動，藉此搬運糧草。但是魏兵

畏懼蜀兵如虎，祇固守陣地，不敢出來交戰，諸葛亮急得沒法，拿了婦人的衣服使人送給司馬懿，司馬懿受了這種羞辱，也不以為意。

諸葛亮因為魏軍不出來交戰，又感着糧草不繼的困難，就謀持久的方法，於是將所有兵眾，盡行出發，進駐五丈原（今陝西郿縣），和司馬懿隔着一條渭水相對駐紮了。分派兵士，一面耕田，為持久之計，不料諸葛亮祇這樣相持了百餘天，就生病在軍中死了。

諸葛亮死後，諸將嚴守秘密，整隊退兵，司馬懿得知這個消息，便率兵追趕，蜀將反轉旗幟，擂着戰鼓，向司馬懿進攻。司馬懿以為是諸葛亮詐死的計，特引誘他出來的，連忙回兵不出。於是蜀將纔得從容的退兵回去了，這時百姓為了這事有一句諺語道：「死諸葛走生仲達。」（司馬懿字仲達）

蜀兵退走之後，司馬懿纔知道諸葛亮是真死了，走入蜀兵的營中，見了諸葛亮所佈置的營陣，中有八陣圖，是從古兵法中推演出來的，不禁嘆息說道：「諸葛亮真是天下的奇才呀。」

第二輯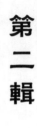

一　司馬氏統一中國

　　司馬懿在魏國做臣子的時候，就建築了晉代帝王的基業。他很得曹操的敬服，後來曹操的兒子曹丕，篡了漢朝的位稱為文帝，更加信任，用司馬懿做大將軍兼大都督，掌握兵權。諸葛亮六次出兵祁山，來伐魏國，都是司馬懿帶兵去抵禦的，諸葛亮雖然用盡死力圖建功業，畢竟被司馬懿抵住，弄得沒有成功。因此司馬懿的威名，在魏國是沒有別人及得上了。魏文帝[⑭]死的時候，把他的兒子付託司馬懿和曹爽兩人，同心輔佐，由是司馬懿做了太傅的官職，輔佐朝政了。

　　司馬懿在魏國的權勢是很大的，這時能和他為敵的就是曹爽。曹爽是魏帝的親族，很得一部份

---

⑭　魏文帝，即曹丕，崩於 226 年，結合內容，再查核史實，
　　此處「魏文帝」當為「魏明帝」。

人的信仰，並且是同受文帝的遺囑，正在和司馬懿共執政權的。司馬懿為想一人專政，便不得不設法把曹爽去掉，因此兩人的嫌隙很深。司馬懿是一個很機警的人，因為和曹爽有了嫌隙，便即刻裝出有病，不理國事了，一面又留心着去掉曹爽的機會。曹爽也心裏疑忌司馬懿，時時刻刻防備着。

在司馬懿稱病的時候，有一個河南尹李勝要到荊州去，便來向司馬懿辭行。司馬懿裝出大病的模樣，用兩個侍婢扶着，以手指口要喝水，喝水的時候，流得滿襟透濕，含含糊糊的向李勝道：「我年老患病，死在旦夕了，你現在要到并州去，并州是和胡人相近的地方，你要保重；但是我們恐怕不能再相見了，我的兩個兒子司馬師和司馬昭，請你替我照顧。」李勝說：「我要到荊州，不是到并州。」司馬懿又說：「我年老病得糊塗了，說道也聽不清了，你今到了荊州，正好建功立業。」

李勝辭別了司馬懿，便去見曹爽，說道：「司馬懿是馬上要死的人，不必罣慮了。」因此曹爽很放心，不再防備司馬懿了。

司馬懿乘着曹爽沒有防備，便暗中佈置，和他

的兒子司馬師秘密商議發兵圍攻曹爽的方法。這時正是殘冬，探得了新年的元旦，曹爽將和魏帝去謁曹操的陵墓，便決定了在元旦日舉事。到了元旦日的先一晚，又告知了他的兒子司馬昭，計議妥當，祗待臨時發動。這晚司馬懿還命人去視察兩個兒子，祗見司馬師安然睡覺，司馬昭就不能安枕。司馬懿說道：「司馬師有這樣鎮靜，是真能成大事的。」

新年的元旦日，曹爽和魏帝果然出城去謁拜曹操的陵墓。司馬懿便調集將官，演講曹爽專權的罪惡，立刻帶兵出城，一面迎接魏帝，一面捕捉曹爽。司馬師在平時也畜養了敢死之士三千人，此時把他們召集起來，也帶了他們，把守城門。曹爽因為一時調不到兵，無從抵敵，就被司馬懿的兵捉了。司馬懿加曹爽以謀反的罪名，把曹爽殺了，又把曹爽的黨羽也進行殺戮，一共殺了幾百個官員，由此魏國的朝裏，盡是司馬懿的私人，司馬懿的勢力便遠在魏帝之上了。

司馬懿死了之後，司馬師接掌魏國的政事，他的勢焰比司馬懿還要大，魏帝異常恐怕，便和幾個忠臣密議，要去掉司馬師。這個密議被司馬師知道

了，登時把幾個魏國的忠臣，盡殺死了，還要誅滅三族，又把魏帝廢了，改立高貴鄉公為帝。魏國的鎮東大將軍毌丘儉，揚州刺史文欽，一同起兵，申討司馬師擅廢皇帝的罪。司馬師親自帶兵十餘萬，前來應敵，大獲全勝，把毌丘儉殺了，亂事平定。但是在先司馬師的眼睛上，生有一個癭瘤，業經醫生割治好了，當和文欽打仗的時候，文欽部下有一員猛將，來得很是兇勇，司馬師受了一嚇，驚得目眶脫出，那時司馬師恐搖動了軍心，忙把布被蒙蓋了，痛得很利害，把被布嚼得破碎不堪，始終忍住痛，沒有發聲，左右都不知道有這一回事。回軍的時候，又發了病，就在許昌地方病死了。

司馬師死了，司馬昭又接着輔政。鎮東大將軍諸葛誕在淮南起兵反抗，又聯絡了東吳，聲勢很大。司馬昭奉了魏帝親自征討，畢竟司馬昭挾着天子為名，召集各州的兵，各州都韙韙聽命，沒有一個敢響應諸葛誕的，諸葛誕打得大敗，還被魏兵殺死了。回京之後，魏帝封司馬昭為晉公。自此司馬昭之勢焰，更屬着着逼人，魏帝受了他的壓迫，正是無日不在恐怖，他嘗對左右人說道：「司馬昭的心

思，路人都知道的。」魏帝不堪受這種壓迫，幾次想謀抵抗的方法，被司馬昭知道了。司馬昭使人把魏帝殺了，又立了常道鄉公為帝。這時皇帝的位，不過虛名而已，一切權柄，通在司馬氏的手裏。司馬氏把弄魏國，正和曹操父子把弄漢室一樣。

司馬昭既然把魏國的政權握在手裏，就想吞併吳蜀，統一中國。吳國的地勢，憑着長江的險要，比較難於進攻，就先圖滅蜀國。蜀國自諸葛亮死後，劉後主是一個庸懦的國君，信任了一些小人，自己又不理國事，弄得國政很糟了。司馬昭以為是滅蜀的好機會，便命了鄧艾、鍾會同領兵伐蜀，蜀國便命姜維領兵禦敵。鄧艾帶兵萬餘，繞道從陰平山進發，此地的道路，盡是崇山峻嶺，祇有羊腸小徑，異常危險，平常是沒有人行走的，鄧艾的兵士個個都用繩繫着腰間，自山上吊下來的，經過了這陰平山便到了蜀國。鄧艾率領兵士過了陰平山，蜀國的人以為鄧艾的兵是從天下降下來的，都恐慌的很，鄧艾乘勢破了江油、綿竹，一直進攻成都，劉後主嚇得沒有辦法，祇好向鄧艾投降，蜀國自此就被司馬氏吞滅了。

司馬昭滅了蜀國之後，不久便病死了，他的兒子司馬炎接着為晉公，掌理魏國的政事。司馬炎就實行把魏帝廢了，自立為皇帝，國號叫晉，稱為武帝，追尊司馬懿為宣帝，司馬師為景帝，司馬昭為文帝，恢復封建制度，封立一些兄弟子姪為王，有功的臣子為公侯，和周朝的封建諸侯一樣。

東吳仗着天險，在司馬氏併吞了魏蜀之後，還掙扎了十餘年。等到司馬炎建立晉朝，把中原佈置妥貼了，便大舉興兵伐吳，發兵二十萬，水陸並進，出了夏口，平了武昌，王濬統着水軍兵艦，順着長江一直攻進建業的石頭城下，那時吳主孫皓是昏懦無能的，晉兵一到城下，就慌得出城投降。自此中國復行一統，三國鼎立的局面，盡被晉朝併吞了。

晉武帝死了之後，是他的兒子惠帝接着為帝。這惠帝是一個闇弱無能的，但是他的妻子賈皇后卻很剛強能幹。原來惠帝做太子的時候，武帝疑心太子沒有能力，有廢掉的意思，就來試驗太子是否有才，便密封了許多疑難的問題，叫太子回答。太子請了外人代擬答案，盡是引據經典，賈皇后看了，

心想太子本沒有學問，而答案中又是引經據典，必然會被武帝察破是別人搶替的，便另請了人作簡明的回答，叫太子自己寫了。武帝看了，果然歡喜，於是太子的位置纔穩固了。

惠帝即位，賈皇后很佔權勢，引用一班賈家的人做爪牙，一切國政，盡假託惠帝的命令行事，簡直把惠帝玩弄在手掌裏。太傅楊駿是楊皇太后（武帝的妻）的兄弟，在這時輔佐朝政，賈皇后因忌刻楊駿在朝，防礙她的專政，便假託惠帝的命令把楊駿誅殺，又把楊皇太后也廢為庶人。楊駿被殺之後，便召了汝南王亮入朝輔政；但是汝南王亮輔政以來，也和賈后常起衝突。賈后便和楚王瑋商議把汝南王亮除掉。這楚王瑋是當時的衛將軍，領有兵權，性極強悍，汝南王亮很畏忌他，本想奪去他的兵權，所以楚王瑋也很懷恨汝南王亮，於是一意和賈后合作，就假託惠帝的命令，說汝南王亮有廢立皇帝的計謀，發兵圍攻，把汝南王亮殺了。

汝南王亮被殺之後，一班朝臣極為不滿，並且發現是楚王瑋假造的命令，就逼迫惠帝捕捉楚王瑋下在獄中，處楚王瑋以假造命令擅殺大臣的罪，又

把楚王瑋也殺了。自這兩王被殺，還牽累殺了許多大官，一場很大風波，都知道是賈皇后造出來的。

趙王倫當時在朝為太傅，就和齊王冏一同發兵，圍住宮中，廢賈皇后為庶人，又把賈后的黨羽也盡殺了。自此晉朝的政權盡落在趙王倫手裏，統握兵權，掌理國政，任用一班小人，殺戮許多忠良，竟把惠帝幽囚在金墉城，篡取惠帝的帝位，自稱為皇帝。於是齊王冏、河間王顒、成都王穎一同起兵，聲討趙王倫，把趙王倫的兵打得大敗，逼進京城，趙王倫自己服毒死了，惠帝纔得又復了原位。

殺了趙王倫之後，各方諸侯，雲集京中，祇有齊王冏統兵數十萬，器械精良，軍容很盛，惠帝就拜了齊王冏為大司馬，輔佐朝政。齊王既掌理朝政，又大事驕傲，車服制度和皇帝一樣，自己昏迷於酒色之中，把國事委任在一班小人的手裏，朝政弄得很糟了。長沙王乂又發兵來討，攻進宮中，捉了齊王冏，當即牽出斬首，還誅殺了齊王冏的黨羽，共有兩千多人。

長沙王乂興兵的舉動，本是河間王顒主使的；原來河間王顒是想嗾使長沙王乂和齊王冏相鬥，待

他倆精力疲倦時，自己好得漁人之利，不料長沙王乂竟能一舉成功，把齊王冏殺了，眼見得晉朝的政權，就要落到長沙王乂的手裏；河間王顒的計劃失敗，於是憤極了，就聯絡成都王穎，一同興兵入京，進攻長沙王乂，長沙王乂也發兵抵禦。兩方戰事，經過好幾個月，死傷數萬人，京中的糧食缺乏，大起饑荒，東海王越就在京中響應河間王顒，乘長沙王乂又沒防備，帶領諸將把長沙王乂捉了，就把他殺死了。

　　長沙王乂失敗後，就由河間王顒常理朝政，河間王顒為要酬報成都王穎的功勞，就把惠帝的的皇太子廢了，立了成都王穎為皇太弟。成都王穎本據在鄴都，自被立為皇太弟，便驕縱異常，車服制度和皇帝一樣，儼然一天子了，惠帝就親自領兵去討伐成都王穎。但是惠帝的兵，反被成都王穎的兵打敗了，惠帝也被劫至鄴都。於是河間王顒、東海王越都起兵勤王，把惠帝遷至長安，旋又回到洛陽。他們三王都想挾惠帝以令諸侯，雖則名為勤王，其實沒有一個是忠於國家的。後來這三王都被當時的義兵所殺了。

晉朝自經這八王擾亂，國勢不振，胡人漸漸強大起來，擾亂中原，後來晉朝的懷、愍二帝，都被胡人捉去，元帝遷都到長江以南的建業，中原之地盡被胡人佔據了，從此中國又成為漢族和胡人南北對峙的局面。

（二）　五胡之亂

　　晉朝的時候，胡人也雜居中原內地了，而且有許多胡人在中國受了官職，建立過不少的功業，大約在漢族強盛的時候，胡人是很歸順的，一到漢族不振作時，胡人便倔強起來。晉朝自八王之亂，國內紛擾，成了胡人興起的好機會。這時胡人最大的有五種：一叫匈奴，一叫羯，一叫羌，一叫氐，一叫鮮卑。這五胡把一個晉朝擾亂得破裂不堪，就是史家所稱的「五胡亂晉」。

　　五胡亂晉的第一聲，一是匈奴人劉淵的稱帝。劉淵本是匈奴冒頓的後裔，因為漢高祖和匈奴和親，把宗女給冒頓做妻子，後來冒頓的子孫，就跟着母姓也姓劉氏。劉淵在晉朝時，已居住到山西的淮河邊地了，做過晉朝將軍的官職，受過封侯的爵位。八王之亂時，成都王穎劫了惠帝，被各方義兵打得大敗，成都王穎便命了劉淵去召集各方的義

兵。劉淵不到兩三天的光景，就集合了五萬多兵，他便對人說道：「做帝王的，豈是天定的嗎？我不當做一個漢高祖，也應當做一個魏武帝（曹操）。並且漢朝的恩德很厚，我是漢朝的外甥，從前約了結為兄弟的，我應當繼續兄的帝業來做皇帝。」就據了河東，攻破平陽蒲阪，建都於平陽，自稱皇帝，國號叫漢。到他的兒子劉聰接着為帝時，發兵攻破晉朝的國都洛陽，把晉懷帝活捉回去了。回軍之後，大宴羣臣，逼着晉懷帝穿了奴僕的青衣，執壺行酒，把中國的皇帝，當做奴僕看待。後來又攻破了長安，把晉愍帝又活捉回去了。晉朝的天下，至此要算滅亡了，等到司馬睿在建業稱帝，保持晉朝的名號，不過祇保守了江南一角，中原的勢力，統歸胡人了。後來劉淵的族子劉曜接着為帝，改國號叫趙，不久，劉曜也被羯人石勒所滅。

石勒本是羯種人，起初做一個部落的小帥，很不為人所齒。後來被晉朝的官吏捉了，帶至山東地方，賣給人家為奴。石勒在做奴隸的時候，因善相馬，便交結了一位牧馬的牧帥。成都王穎召集義兵時，石勒和那牧帥帶了幾百匹馬，投到成都王穎的

晋懷帝青衣行酒

部下，就做了一個都尉的官職。後來又投到劉淵的部下，劉淵封他做將軍，便帶兵去攻打晉朝，很是驍勇，打了許多勝仗，權勢就大起來了，等到劉曜接着為帝時，他便奪取平陽，把劉曜趕走，自己稱為皇帝，國號叫趙。

石勒死後，本是傳位於他的兒子大雅，但是石勒有一個姪兒，名叫石虎，自小就為石勒養着，生性殘忍，少時專好田獵，開弓射箭，無論左右手都是很熟慣的，遇着他發怒時，拿了彈子打人，立刻可以打死，石勒很惡厭他的殘暴，本想殺了，以除禍患。石勒的母親說道：「快牛做犢子的時候，當要弄破車子的，現在稍為忍耐，日後可有用處呢。」等到石虎長成，果然驍勇異常，攻城陷陣，沒有人能敵得他過，但是最好殺人，凡經他攻破的地方，不論好歹，殺得滿坑滿谷，對待兵士，也異常嚴酷，動輒砍頭，所以軍紀很嚴，他的軍隊也就所向無敵了，石勒便倚賴他做軍事的人才，大加寵愛。到石勒死了，大雅繼續為帝時，石虎心中不服，以為趙家的天下，是由他征伐得來的，便把大雅殺了，自己稱為皇帝。後人說石勒真是「養虎留禍」。

石虎做皇帝不久便死了，他的兒子繼位，被漢族人冉閔所滅。冉閔滅了趙國，改國號叫魏，大殺胡羯人，但是不久又被鮮卑族慕容氏滅了。

慕容氏為鮮卑種，先是住在遼東地方，到慕容皝時，便強大起來，打敗了高麗，兼併了許多地方，國勢很盛。聽得中原的石氏，內政很亂，就興兵入關；這時石氏已被冉閔所滅，慕容皝就攻破了冉閔，自稱皇帝，國號叫燕。他的疆域，佔了河北、山東、山西、遼寧幾省的一部份，後來被秦苻堅所滅的。

這時漢族人佔得北方勢力的，除冉閔以外，還有張重華。張氏本是從前在晉朝做涼州刺史，自晉朝遷到江南以後，張氏仍然保持他在涼州的勢力，和一些胡人對抗，後來他竟自稱涼王。他的疆域，包有甘肅、新疆、寧夏幾省的一部份，不久，也被秦苻堅滅了的。

苻氏本是氐種，他的先祖是歷來在西戎做酋長的，到匈奴人劉淵擾亂中時，苻氏也入了中原，投到劉淵的部下，後來又到石勒的部下，做過將軍的官職，很得石勒的信任，苻氏既有了兵眾，就攻取

了長安，據了關中，自稱皇帝，國號叫秦。傳到符堅繼位，把國家的內政，大加整理，用了漢族人王猛做丞相，很是信任，符堅常說道：「我得了王猛，好比劉備得了諸葛亮。」一切朝政，盡由王猛治理。氐種人樊世在符氏是很有功勞的，見了王猛用事，很是妒忌，曾當着眾人辱罵了王猛幾次，符堅知道了，即刻把樊世殺了，由是朝裏公卿沒有一個不懾服王猛的；王猛得着這樣的信任，也就竭力盡忠，把秦國的政事，治理得很好。

　　在一般胡人擾亂中國據了中原的時候，他們本不知道政治的，祇知道田獵遊牧，殺人打仗，是他們的慣技，所以他們雖然立國稱帝，不久就起爭殺，至於滅亡。祇有符堅知道注重內政，用了王猛，借重漢族的文明，來治理國事，由是符秦的國勢很振興了，滅了慕容氏，吞併了涼國，中國北方盡歸符秦統一了。

　　符堅既然統一了北方，就想吞併江南的晉室，統一中國，於是發兵百萬，東西萬里，水陸並進，自誇兵士眾多，說是丟了馬鞭可以塞斷河流，以為一定可以把弱小的東晉即刻滅掉。

這時候晉朝用了謝安做宰相，聽得秦兵眾多，也很驚恐，就命了謝石、謝玄領兵八萬前去禦敵。謝安是一個儒雅風流、從容不迫的人，謝玄領兵出發的時候，向謝安去問退敵的計劃，謝安的態度很冷靜和沒事人一般，還邀了謝玄去遊山水，又要和他下棋，謝玄不敢違拗，本來下棋的程度是謝安不及謝玄的，這次謝玄因為邊境緊急，那裏有下棋的心思，便輸卻一盤。

晉兵出發和秦兵相遇的地方，正隔着一條淝水，兩方都靠着河岸擺成陣勢，沒有一個敢先渡河。謝石使人對苻堅說道：「你們自遠方領兵前來，這樣靠水列陣，是持久之計，怎能打仗呢？不若你們稍為退卻，使我們得渡過河來，和你們決一勝負，豈不好嗎？」苻堅就令兵士後退，想乘晉兵渡了一半的時候，大舉前攻，不料退兵的號令一下，兵士以為打了敗仗，便拼命的後退，不能制止，晉兵渡過河來，奮勇追殺，把苻堅的兵打得大敗，苻堅也被流矢所中，狼狼退回，路旁聽得風吹聲和鶴唳聲，都以為是晉兵追趕來了，苻堅的百萬軍隊盡行潰散。

晉兵既得了勝，謝安接到了報捷的信，這時謝安正和人下棋，看完了信之後，沒有一點喜色，等到棋局終了，客問：「有什麼消息？」謝安慢慢的回答道：「小兒輩已經破賊了。」但是回到室內的時候，因喜得忘了神，把所着木屐的齒，被戶限撞斷了。所以有人說：「謝安表面上裝出鎮靜的模樣，其實心裏未嘗不急呢。」

中國北方自苻秦在淝水一戰失敗後，局勢大變，從前為苻秦所兼併的都乘勢恢復起來，苻秦就一蹶不振，到苻堅死後，被部下伏乞國仁所滅了。

伏乞國仁是鮮卑種，原做苻秦的將官，淝水之戰後，就據了隴西，自立為王，國號也叫秦，稱為西秦。慕容皝的兒子慕容垂，也在苻堅部下為將官，淝水戰後，據了中山（今河北省定縣），恢復燕國，自稱為燕王。還有氐種人呂光，據了前涼的地方，又自稱涼王。後來羌種人姚萇滅了後涼、西秦，自稱為秦王，叫做後秦。又有匈奴人沮渠蒙遜據了甘肅的一部，自稱北涼。

淝水戰後，新興的國家，前仆後繼，約有十多國，中國北方又入了胡人相擾的混亂狀態中，經

過數十年的光景，纔有鮮卑種拓拔氏把北方諸國統一，和南朝的漢族對峙。

拓拔氏起先也是一個部落，到拓拔珪的時候，征服了代北諸部落，自稱代王，國號叫魏，後來滅了後燕，破了西秦，降了北涼，把中國北方統一了，自稱為皇帝。中國南北朝的局面，魏就是北朝的代表。北魏的孝文帝很注意政治，仰慕漢族的文明，把都城遷到洛陽，廢止胡人的言語，仿行漢族的姓氏，禁着胡人的衣服，一切制度盡採用漢族的，大興學校，胡人的子弟一律受漢族的教育，獎勵胡漢人互通婚姻，從此胡人便和漢族同化了，所以胡人雖然擾亂中國百餘年，漢族沒有吃一點虧，反把胡人同化了，這是漢族文化的力量。

三　梁武帝餓死臺城

　　南北朝的時候，北朝是北魏拓拔氏，在北魏的初年，政治很修明，人民的痛苦程度，比較在漢族統治下的南朝，實在要減輕得多。但是後來的君主，不能繼續注重政治，國勢就紛亂起來，終於被宇文氏和高氏所篡滅，把北朝的疆土，分做兩個國家：宇文氏的國號叫周，高氏的國號叫齊，直到隋朝方纔合併南北朝統一起來。

　　南朝的統治者，很是複雜，晉朝自遷都江南後，祇有五十多年⑮的光景，就被劉裕所滅了。這劉裕的出身是很微賤的，他的家裏很貧窮，靠他賣鞋子營生，自然是沒有受過高深教育，僅僅能認識幾個文字罷了。他又最好賭博，輸了又沒有錢可以

---

⑮　此處作者應是誤記，西晉（266年-316年）只有五十多年，而遷都江南後的東晉（317年-420年），共立國一百餘年。

還債，所以常受人的窘辱，很不為人所齒，後來投入軍隊中，打了幾次勝仗，便陞做了將軍，統握兵權了。

這時晉朝的臣子桓玄，廢了晉帝，自稱皇帝，劉裕便召集各方義兵，征討桓玄，把桓玄打得大敗，晉帝復位，於是劉裕的權勢很大，加陞大將軍，統握全國的兵權了。劉裕又屢立戰功，破了長安，滅了西秦[16]，晉帝封他為宋王，沒有好久，他便把晉帝廢了，自稱皇帝，國號叫宋。

宋朝自劉裕死後，國勢很紛亂，傳位到他的孫子[17]，又被部下蕭道成所篡滅了。蕭道成也是宋朝統兵的官，當着國內紛亂的時候，立了幾次戰功，權勢一大，便又演出篡位的故事，廢了宋帝，自稱皇帝，國號叫齊。

蕭道成死了之後，不到幾十年的光景，以被部下蕭衍所篡滅了。蕭衍和蕭道成並沒有宗族的關係，也是以征戰的功勞，領兵自大，一到齊帝不能

---

[16] 當為後秦之誤。

[17] 南朝劉宋於 479 年被南齊取代，順帝應為劉裕重孫。

制服，他便廢帝自立，國號叫梁，就是所稱的梁武帝。他即位以後，最是崇信佛教，在建業起造一個同泰寺，又在鍾山起造一個大愛敬寺，建築的規模，很是宏大，內容也極華麗，盡是召了一班民夫，替他做工，當時的百姓，很是叫苦。他不但每天到寺裏去拜佛，他還捨棄自己帝王的身價，發誓到同泰寺為奴，他的一班臣子，幾次上書諫阻，他還是不許，後來他的臣子湊集一些珍奇寶物，送至同泰寺裏，向佛祖贖取，他纔回到朝裏。他去拜佛時，也不着帝王的服裝，必然要穿和尚的袈裟，令一些王侯弟子，都要去受佛誡，若是誠心信佛的，他就賞賜以「菩薩」的稱號，一班臣子奏表上書時，也要稱他為皇帝菩薩。中國自脫離神權時代以後，歷代皇帝雖然有崇信佛教的，卻都沒有這般的誠懇。

他雖然表面上崇信佛教，實在他的行事上和佛教的教義，大相矛盾，佛教的宗旨，首重戒殺的，然而他自做了皇帝以後，還想吞併北朝，統一中國，和北魏的戰爭，連年不絕，死傷的人數達數十萬。那時有個志公和尚，是梁武帝最為傾心崇拜的；志公見了這般的殺戮，心中不忍，就勸梁武帝

大建水陸道場，超度亡鬼魂，其實他主要的目的，祇是要維持和平，泯滅殺機，不料梁武帝聽信他的辦法以後，直到現在，一班和尚竟拿了做道場為騙衣騙食的工具了。

梁武帝雖然幾次用兵去攻打北魏，但是總沒有得到勝利，恰遇北魏的將官侯景，舉兵謀反，侯景派人和梁朝相通，請求援助；武帝以為是圖滅北魏的好機會，就出兵援助侯景，被北魏的兵打得大敗，自己很是懊悔。侯景於是便歸順了南朝的梁國。侯景是一個陰刻險惡的人，既到了南朝以後，又想推翻梁國，就和梁武帝的姪兒臨賀王蕭正德相交通，秘密訂約，許推倒梁武帝以後，就立正德為皇帝。這正德的皇帝欲太高，竟信了侯景的欺騙，暗中援助侯景了。侯景就興兵向梁朝進攻，梁武帝命了蕭正德領兵去禦敵，正德就和侯景聯為一氣，引了侯景的兵一直攻進建業城下。梁武帝着了慌，忙閉城堅守，命了一些王公大臣親自督率兵士和一班百姓分守城門，把佛寺裏所藏的錢拿出來做軍費。侯景的兵一到城下，便四面包圍，築起土山，向城內進攻，梁朝在城內也築起土山來禦敵，梁武

帝命令一些文武官員都要去挑運泥土，每人一天須挑土二十石，於是一些王公大臣也來幫同工作。在這槍礮沒有發明時代，大家齊心協力固守城池，縱有強敵，一時也難於攻下，若是能在外面召到救兵，那末內外夾攻，解圍是很容易的。這時梁武帝本有幾個兒子封王在外，可以領兵救應的，但是他們各懷妒忌心思，擁兵坐看，不肯出兵，祇有邵陵王蕭綸，曾發兵來救，在鍾山和侯景決戰幾次，都被侯景打敗。侯景圍了建業，足有兩三個月之久，建業城中的糧食缺乏，大鬧饑荒，牛肉狗肉都吃盡了，還捉了老鼠麻雀也當食品。這種危險自城裏發生，就很可怕了。但是侯景的兵也攻得精疲力倦，並且糧食也感覺缺乏，侯景就傳信給梁武帝，請武帝封他廣陵（今天江蘇江都縣）、譙州（今天安徽滁縣）兩地，他便撤兵講和，梁武帝便即允許，並且不疑侯景有欺詐的行為，把防禦的戰備，盡行收去。侯景乘着城裏防備疏忽的時候，大舉進攻，就攻破了建業城。

侯景入了建業，見了梁武帝，很是嘆息流淚，外面裝出和藹的態度，仍然奉了武帝為主，自請做

武帝的義子。自此大權盡落到侯景手裏，侯景把梁武帝囚居在臺城中，和外面斷絕消息，也不着人送食物進去。梁武帝幾天不吃飢餓得不堪了，便把雀巢裏的雀蛋，都取了來充飢，後來竟餓死在臺城裏。梁武帝崇信佛教，祇得到了這樣的效果。

梁武帝被侯景逼着餓死之後，梁朝的天下，就此滅亡，梁朝的宗族也都被侯景殺戮，後來陳霸先起兵平定侯景，據了建業，自稱皇帝，國號叫陳，傳到陳後主時，又被隋朝翦滅。

自晉朝遷都江南以後，再經宋齊梁陳，都是建都於江南的建業，還有三國時的東吳，也是建都在這裏，江南的富麗，再加上帝王的奢華，所以後人稱建業（今南京）是六朝金粉之地。

（四） 隋煬帝的奢侈

　　北朝自拓拔魏被高氏和宇文氏分割了，便成立兩個國家：一個叫齊，一個叫周。沒有好久，齊又被周滅掉了，周就統一了北朝。

　　周朝有一個臣子名叫楊堅，很建立了許多功勞，吞併齊朝也是他帶兵去攻破的，權勢很大，後來他竟篡了周朝的位，自稱皇帝，國號叫隋，稱為文帝。

　　隋文帝據了北朝，很能注重政治，把國內治理得很好，國勢就強盛起來，北方的突厥和西方的吐谷渾，都來稱臣進貢，漢族的勢力，從此又恢復過來。祇有南朝還是陳朝的勢力，和隋朝對峙，隋陳兩朝時常信使往來，表面上很是和睦的樣子，因此當時的百姓，纔得相安了一時。

　　但是陳朝自陳霸先死後，就由他兒子叔寶繼位。這叔寶是個最荒唐的皇帝，他即位不久，便起

了臨春、結綺、望仙三閣，各高數十丈，都是用沉檀木做成的，四圍把金玉珠翠裝飾得玲瓏燦爛，裏面設了珠簾寶帳，陳設的都是珍奇玩物，奢華極了；又在閣的底下，找些奇怪的石子造成假山，引了流水造些池沼，周圍更種了許多好看的花木，把這三個閣點綴得好像神仙世界一般。他自己住在臨春閣，把他的妃子張麗華住在結綺閣，龔孔兩個貴嬪住在望仙閣，這三個閣都築了複道，可以相通，他從此沉迷於酒色之中，不問朝政了。

他的妃子張麗華，不僅生得美麗，而且十分聰明，憑她察言觀色曲意承迎的工夫，任便是鐵石羅漢，也沒有不被她迷住的。因此陳叔寶常常擁着麗華和一些妃子，飲酒作樂，高興的時候，還召集了狎客（是當時最親近的文士）和女學士，聚在一塊，唱曲做詩，甚至朝臣有什麼奏議，他還抱着麗華，隨意處斷，於是一班宦官，從中弄權，朝政就很糟了。

隋文帝趁着這好機會，便令了他的兒子晉王廣統率五十多萬大兵去討伐陳朝。那陳叔寶迷戀酒色，毫無準備，當隋兵攻破了建業城，有人勸他學

梁武帝見侯景的故事，準備投降，他還好像沒事人一般，很從容的回答說：「我自有計。」等到隋兵進了宮門，他卻帶了一些妃子同出景陽殿，藏在胭脂井裏面。後來隋兵追到井邊，大聲叫他們出來，他一聲也不響，隋兵便揚言要將石頭打下井去，他於是在井中嚇得大叫起來，隋兵就將繩子墜下井去，拉他們上來，當隋兵收繩的時候，覺得異常沉重，及至拉了上來，纔知道是陳叔寶和張麗華、孔貴嬪三人綑做一團，這可算是陳朝亡國最後一幕的滑稽劇了。同時晉王廣素來羨慕着張麗華生得千嬌百媚，所以當隋兵的先鋒隊攻進建業的時候，便趕快叫人馳告前軍將士，務要活捉張麗華。不料隋兵獻俘的時候，他的將官高熲說道：「從前商紂王因為迷戀着妲己以致亡國，所以姜太公打進了商朝，便把妲己殺了；現在這張麗華也生得像妖精一般的媚人，若是留着她，必定要貽禍無窮。」他便不顧晉王廣的命令，竟把那如花似玉的張麗華殺死了。

晉王廣得了這個消息，又驚又氣！真個是啞子吃黃連說不出苦來，由是他心裏便深深的懷恨高熲了。

隋文帝滅了陳朝，於是中國南北復歸統一了。文帝的性質很儉樸，他的太子勇是個很爽直任性而又不會矯揉造作的人，有一次，太子勇做了一件很精美的鎧甲，被文帝看見了，就很嚴重的責備了一頓，但是太子不知道去迎合父王的意思，以後常有奢華的舉動，都被文帝察覺了，從此文帝便很不滿意他。文帝的妻子獨孤皇后也不喜歡太子勇，常常尋了太子的過失去告訴文帝，因此文帝就有廢立太子的意思。

　　晉王廣知道了父王的意思，便想趁此取得太子的地位，他本來是很奢侈淫佚的，於是外面裝出像儉樸的樣子，以博得父王的喜歡。有一次，文帝親自去看他，他把嬌好的姬妾都隱藏着，祗留幾個老醜的，穿了很平常的衣服，在左右待奉，屏帳都改用素面做的，故意把樂器上的弦線也弄斷了，上面的灰塵也不肯拂拭，這麼一來，文帝看見，就很喜歡他了。晉王廣又拿出許多錢財去交結朝裏一些大臣，替他造出很好的名譽。

　　隋文帝受了裏面獨孤皇后和外面大臣的慫恿，竟把太子勇廢了，改立晉王廣為皇太子。沒有好

久，獨孤皇后死了，文帝又納了陳霸先的女兒做妻子，叫做宣華夫人。這宣華夫人生得異常美麗，所以很得文帝的寵愛。

隋文帝年紀已老，又患着大病，很是厲害，於是召了太子和大臣進宮侍奉，太子廣就籌劃文帝死後的一切辦法，去和大臣楊素商量，楊素便一條一條的寫出來，着人去送交太子廣。不料送信的人誤送交了文帝，文帝看了便大發怒，知道太子廣是眼巴巴地祇望着他死了。

太子廣是個淫亂的人，見了宣華夫人的美麗，便百般調戲，後來給文帝知道了，文帝氣憤不過，用手搥床說道：「這種畜生怎麼能付託大事？獨孤氏真是誤我了。」便命人召廢太子能進宮。太子廣知道了這個消息，忙把召勇的人捉了，關在獄中，發兵守衛宮門，不許出入，將文帝用毒藥毒死了。於是宣華夫人屈服於太子廣的威力之下，便做了太子廣的妃子。

太子廣毒死文帝，又命人去把廢太子勇也殺了，便自己即位，後人稱為煬帝。他即位以後，就加陞楊素的官爵。隋朝本是建都西安，煬帝因想要

到各處遊玩，便把洛陽為東京，命楊素在東京大起宮殿，召集民夫二百餘萬人，建築顯仁宮，令各州縣所產的奇木異石，盡輸送東京，還命令天下所有奇花異草珍禽奇，都徵集起來，點綴園景。煬帝於東西兩京之間，隨意遊玩。

煬帝還羨慕江淮間的繁華，極想到此遊樂，感着交通不便，就命人開通運河，聯絡了洛水、黃河、汴水、淮水，從此由洛陽直可通船至江都（今揚州），兩岸都築了御道，傍植柳樹，又從長安到江都，建築了離宮四十多處，是預備在路中休息的。這運河所用的人工共數百萬，費時數年，當時百姓，很為叫苦。但是中國南北交通，得了這條河道，就很便利了，後來歷代繼續疏通，北方可以達天津，南方可以通餘杭，在交通上很佔重要，直到修築鐵路，效力纔比較減少了。

運河既成，煬帝命人到江南造龍舟和雜船萬艘。煬帝所坐的龍舟，高四十五尺，長二百尺，內有四層：上層有正殿內殿朝堂；中間兩層有一百二十房，都用金玉裝飾的，光耀奪目，下層就是宮中的太監所乘坐的。煬帝每一駕幸江都的時

隋煬帝乘了龍舟遊江都

候，自己和后妃宮女乘坐龍舟，還有后宮諸王公主百官僧尼道士分坐雜船，共船幾千艘，首尾相接，綿延兩百多里，船上所用的挽士，達八萬人之多，兩岸還要派了騎兵夾岸而行。所經過的州縣，五百里以內，都令獻送食物，皇帝貪着遊玩，卻苦了一些百姓。

煬帝又在西京建築西苑，苑的周圍有二百多里，裏面積水為海，海中又積土為山，有方丈、蓬萊、瀛洲諸山的名目，每個山上都築有宮殿；海的北面，就建築十六個宮院，每院都派一個四品夫人掌管，院中的華麗，都像水晶天宮一般。煬帝常乘着月色皎潔的夜裏，帶了宮女數千，騎着駿馬，在西苑遊玩，特製清夜遊曲，令宮女在馬上合唱起來，真是除了神仙以外，沒有這般的快樂。

當煬帝初年的時候，國家富足，四方外族，因憚服中國的威勢，都來朝貢，祇有高麗有些不奉命令，煬帝曾幾次出兵去征高麗，費了幾年的工夫，經過多少的戰役，纔把高麗征服了。煬帝每年召了番族的酋長來朝，齊集在洛陽，陳列百種遊戲，歌舞彈唱的人，達一萬八千之多，自夜達旦，整整的

鬧了一月，方纔罷去。又故意誇示中國的富足，凡和番族通商的市鎮，先命商人收拾得整齊，令番人過酒食店，必邀入使其醉飽，不取番人的錢，以表示中國富饒，酒食是照例不取錢的。番人見了很是驚歎，但是有些聰明的，卻也知道其中緣故。

　　煬帝窮奢極侈，連年和外國打仗，弄得民不聊生，於是四方盜賊大起，不能平定，很有許多豪傑，乘勢起來，佔據州郡，稱帝稱王，煬帝見了中原擾亂，就避居到江都，圖他的快樂。煬帝的臣子李淵起兵於太原，攻破西京，立代王侑為皇帝，遙尊煬帝為太上皇。於是煬帝祇保了江南一帶，不能回中原了。

　　煬帝在江都，雖然當着危亂，仍舊縱酒荒淫，但是心中究竟不安，常仰頭望着天，對着他的妻子蕭后說道：「外間很有人要謀害我，我們也不管他，得過一日，且圖一日的快樂。」說罷，滿斟酒杯，飲得醺醺大醉。又拿了鏡子，反覆注視，對着自己的影像說道：「我的這個好頭頸，將來被那一個來斫呢？」蕭后在旁聽了，很是驚訝，忙問他的緣故。煬帝笑答道：「貴賤和苦樂，都是自然循環的道理，

這又何必傷心呢？」

　　跟着煬帝的將士，多半是西安人，見了時局擾亂，都有思歸的心思。有幾個將士正謀逃歸，被煬帝知道，將他們殺了，於是激動將士的公憤，推舉宇文化及為首領，引兵衝進宮門，執着煬帝，痛數他的罪惡。煬帝的兒子趙王杲年十三歲，在側痛哭，將士將杲殺了，血濺到煬帝的衣服上。將士又想殺煬帝，煬帝大聲說道：「天子死自有法，何須你們用力，速取鴆酒來。」將士不聽，就將煬帝縊殺了。煬帝死了之後，李淵平定羣雄，天下就歸唐朝了。

五　唐太宗的政治

　　李淵本是隋朝的太原留守，他有四個兒子：長子建成，次子世民，三子玄霸，四子元吉。內中以世民為最聰明，識量過人，他見了隋朝擾亂，就懷着安天下的大志，傾身下士，廣交天下的豪傑，暗中佈置妥當了，更勸父親起兵；李淵起初聽了，大為驚恐，過了一夜，對世民說道：「你說的話，我昨晚想了，頗有道理，但是將來惹破家亡身之禍，是由於你，幸而化家為國，也是由於你哩。」於是就在太原起兵，有不從命令的，發兵征討，把近地都平服了，纔發兵去攻取西安。這時西安是代王侑留守，李淵命令將士不得傷害隋朝的宗廟和代王，後來攻破了西安，李淵立了代王侑為皇帝，自己封為唐王。等到隋煬帝在江都被弒之後，就自己立為皇帝，稱為高祖，立建成為太子，封世民為秦王，元吉為齊王。

　　李淵稱帝以後，各處的羣雄，還是佔據州郡，

稱帝稱王，唐朝發兵次第平定，經過好幾年的戰爭，纔統一了中國。唐朝平定羣雄，要算李世民的功勞最大，高祖以為前代的官爵都不足以酬賞他的功勳，於是特別封世民為天策上將，位在王公之上。

李世民既經尊顯，以為國家漸就昇平，便注重文治，開文學館，延納一些文學之士，如杜如晦、房玄齡、虞世南、褚亮、姚思廉、李玄道、蔡永恭[18]、薛元敬、顏相時、蘇勗、于志寧、蘇世長、薛牧[19]、李守素、陸德明、孔穎達、蓋文達、許敬宗等都延納為學士。世民時常到館中去，和這些學士討論文籍，甚至討論到夜深，方纔回去。世民還叫那善於圖畫的人，把學士的像盡畫出來，加上讚詞，裝潢得一幅很精美的畫圖，稱為十八學士，當時的人看了，很羨慕，稱他們為登瀛洲。

李淵起兵的時候，本盡出李世民的計謀，當時李淵和世民說道：「將來事成之後，當立你為太子。」

---

[18] 據《舊唐書》卷七十二，當為「蔡允恭」。蔡允恭，字克讓，唐太宗時學士。

[19] 據《舊唐書》卷七十三，當為「薛收」。薛收，字伯褒，唐太宗時學士。

世民很誠懇的辭讓，所以至李淵稱帝，仍是立了建成為太子。建成立為太子以後，喜歡酒色，常出外畋獵為樂。元吉也多過失。李淵見了，對於這兩個兒子便很不滿意；而世民的功勞和名譽，一天一天的繼漲增高。建成處着這樣的環境，心裏很不自安，就和元吉結為一黨，一面交結宮內的妃嬪，替他們在高祖前說好；一面謀傾陷世民的方法，從此他們兄弟的嫌怨很深，後來竟鬧出自相殘殺的慘禍來。

這時恰有突厥寇邊的消息，建成就薦了元吉帶兵去打突厥，元吉又請調了世民部下的精銳一同前往，把世民的勢力分散。於是建成又秘密的和元吉道：「待你出發的時候，我邀了世民在昆明池和你餞行，乘其不備，使壯士把世民拉死。」兩人計議已定，祇待行事，不料這個消息，被世民知道了。世民忙去報告高祖，高祖大驚說道：「明日我當召來問訊。」世民便做出先發制人的手段，先發兵埋伏在宮殿中；等到建成、元吉奉召進宮，走入了臨湖殿，四圍伏兵一齊衝出，世民引弓搭箭追着建成，把建成射死了；世民的部將尉遲敬德也把元吉射死了。高祖知道鬧出這亂子，就下令內外軍事都受

秦王世民的指揮，於是太子和齊王的部下纔不敢亂動。世民見了高祖，伏着高祖的身上嚎啕痛哭，高祖安慰了一番，就立世民為皇太子，軍國大事盡聽太子處理，然後入奏。

高祖自稱太上皇，不理政事，令皇太子即帝位，就是唐太宗。唐太宗用了房玄齡、杜如晦、魏徵等，輔佐朝政。這房玄齡善於謀略，杜如晦善於決斷，魏徵善於進諫，太宗都加以極端的信服，把國政治理得很好，百姓安樂，中國自秦漢以來的政治，沒有比得上唐太宗的。

太宗即位以後，極力引陳後主、隋煬帝以奢侈亡國為戒，崇尚節儉，有一次命了竇璉修理洛陽宮，竇璉鑿池築山，修理得很華麗，太宗看了，大發怒氣，立即命人撤毀，又把竇璉的官職也免了。

當時的百姓，因為家給人足，都很過着快樂的日子，並且受了太宗的教化，都保持忠孝仁愛信義和平的美德，這時政體雖然是專制，而政府卻是着着為人民謀利益，所以政府和人民很能相信。有一次，太宗親去點驗牢獄裏的罪人，見有應處死罪的三百九十人，太宗心裏很加憐憫，就放了那犯死罪

的都回家去，看看他們的父母妻子，約定明年秋間再來受死刑；等到次年秋間那三百九十人果然一齊回來，沒有一個逃避的。太宗以為他們能守信義，便盡赦了他們的罪，又放他們回家了。

唐太宗最好的政治，就是喜納臣下的勸諫，凡臣下說他的過失，他立即改悔。特設監察御史和諫官，無論朝中內外的政事，都令監察御史和諫官負責督察，這是中國古代政治最好的辦法，所以孫總理取了做五權憲法中的一權。在唐太宗的臣子中，尤其以魏徵善諫，後來魏徵死了，太宗很悲慟的說道：「以銅為鏡，可以正衣冠；以古為鏡，可以知道興衰；以人為鏡，可以知道得失；如今魏徵死了，我便亡卻一面鏡子了。」

唐朝的政治修明，不獨百姓安樂，四方外族都來歸附，一般胡族都尊太宗為天可汗（可汗是胡族君主的稱號）。胡族還派了子弟入朝侍奉。有一次太宗奉了太上皇設宴未央宮，命胡族頡利可汗起舞，南蠻酋長唱歌，太上皇很歡喜的說道：「胡越一家，是從古以來所沒有的。」太宗捧觴上壽回答道：「這是你老教誨的功勞，決不是兒子的才力所能做到的！」從前

太宗奉了太上皇設宴未央宮

漢高祖也隨了他的太上皇開宴在這未央宮，但是漢高祖很誇示自己的功勞，就很不足取了。看了他們父子這樣的快樂，就可見當時漢族的隆盛了。

太宗對於文化也極注重，設有國子監（好像今之大學校），內築學舍兩千間，有學生數千員，太宗常親自到國子監和學生們講論經術，學生能明瞭一經的，就給以官爵；於是四方來入學的，雲集京師，外族高麗、百濟（今朝鮮半島的西南）、高昌（今新疆土魯番地）、吐番（今西藏）的酋長，都派遣子弟留學京師，學生的人數，增加至八千多人。這時的教育和政治，都很發達，要算是漢族的極盛時代了。

太宗在位，有二十多年，一到太宗死後，國勢漸漸衰落，後來統兵的將官，佔據州郡，不奉命令，成為軍閥割據的局面，人民的痛苦就更深了。所以君主政治是靠着君主的好歹，而君主好的少，壞的多，國家昇平的日子就很少了，像這唐太宗的政治是很不多見的。現代的民主政治，就是補救這君主政治的弊病而發生的，由君主而民主，也是歷史上自然的進化，無論何人不能加以否認的。

六　安祿山的亂事

　　唐朝自太宗死後，傳過了三代，中經許多的禍亂，國勢漸漸衰弱了。再傳到玄宗時，起初玄宗很能注意政治，用了姚崇、宋璟做宰相，這兩人的治國才能也是很有名的，所以當玄宗的初年，國勢又振興起來。但是後來玄宗改變了初心，自己專重聲色的嗜好，把國事不顧了，用了李林甫做宰相，一切政事，盡任李林甫辦理。這李林甫是個陰險的小人，既得着玄宗的信任，就把朝中忠心為國的人，盡行去掉，引用了一班自己的心腹，當時的人稱李林甫是：「口裏有蜜，心裏藏着劍的。」他還為鞏固自己的相位計，他見了從前帶兵防邊的人，立了大功，可以入朝做宰相，便對玄宗說道：「帶兵防邊，須用胡人為將，一來熟悉情形，二來胡人感恩，必然捨死報國。」這麼一來，胡人雖然有功，決不至搖動他的宰相地位。因此惹出安祿山的禍來，便是李林甫的動機。

玄宗因信了李林甫的話，便很注意胡人中的將才。安祿山本胡人中流落子弟，走入中國，冒姓安氏，投身到軍隊中，打仗很是驍勇，就陞做了偏將，而且性情狡猾，最善迎合人意，見着朝中的使者，必要加意逢迎，餽送許多的禮物，因此就很有許多人替安祿山造出名譽來，玄宗聞得安祿山的名譽，很是歡喜，就加他都督的官職，後來又陞他為范陽（今河北涿縣）節度使。

　　玄宗以為當時天下昇平，所以放棄國事，講求娛樂，他的後宮，本有宮女三千多人，但是沒有一個合他的意：他的兒子壽王宮中有一個妃子楊氏，是絕色的美貌，玄宗見了很是傾慕，就設法弄到自己的宮中，拜為女官，號稱太真，沒有好久，就正式立為貴妃。這楊貴妃生得芙蓉似的面，柳葉似的眉，人見了她，好像磁石引鐵一般，沒有不為她所吸住的，自她入宮後，六宮的粉黛，都沒有這般顏色，深得玄宗的寵愛，一班宮女因為妒恨楊貴妃的美貌，一見了嬌好的花枝也生厭惡了。

　　楊貴妃的容貌固然美麗，但是沒有狐媚人的習氣，而且很帶幾分剛爽的性質。她和玄宗相處，

常觸犯了玄宗的怒氣，她從不肯低頭賠罪的。有一次，違忤了玄宗的意，玄宗送她歸家，本有決絕的意思，後來玄宗翻悔，又使人賜給楊貴妃的膳食。楊貴妃對着使者流淚說道：「金玉珍玩，都是皇帝賜給我的，我不便獻送，祇有頭髮是父母生與我的。」就剪了一把頭髮交給使者，玄宗見了楊貴妃的頭髮，大為感動，即刻着人召她還宮，由此更加寵愛她了。楊貴妃喜食生荔枝，荔枝是產自廣東，容易壞爛的，玄宗命人用快馬傳遞，由廣東送到西安，不到幾天，荔枝的色味，還沒有變。至於貴妃的衣服，特僱了織繡工人七百人在院中常川製造。玄宗又設了教坊，選了宮女練習音樂，特製霓裳羽衣舞，高興的時候，楊貴妃也親自起舞。還設了梨園，令一些優人演唱戲劇，中國的戲劇，是從玄宗開始的。玄宗和楊貴妃每日在歌舞中歡樂，愛情也自一天一天的濃厚，有一次，他倆於七月七日夜色微茫裏，在華清宮內的長生殿上，感着牛郎織女的會少離多，因念人必有死，終有別離的一日，就相抱慟哭，於是兩人設誓，願生生世世結為夫婦。

　　玄宗因寵愛楊貴妃，凡楊氏兄弟姊妹都加以極

端尊顯，封了貴妃的三個姊妹，一個叫虢國夫人，一個叫秦國夫人，一個叫韓國夫人，都在京師賜給住宅，時常來往宮中，玄宗呼她們為姨姨，很是親近。三個夫人中，尤其以虢國夫人的容貌最為美麗，每當進宮朝見，不施脂粉，淡掃娥眉，越顯得嬌嬌滴滴。楊氏一門得着這種寵幸，竟變移了中國人重男輕女的觀念，所以當時民間有兩句很流行的話：「生男勿喜女勿悲，生女也可壯門楣。」

安祿山自做了范陽節度使後，常入京朝見，祿山本是狡猾人，在朝見時故意裝出憨態好像很誠實的人，他對玄宗說道：「臣是番族戎狄之人，過蒙陛下尊寵，沒有材力可圖報效，祇好預備這身子將來為陛下替死。」玄宗聽了，很為感動。祿山見了皇太子，也不下拜，左右的人催着祿山下拜，祿山說道：「我不懂朝廷的禮儀，皇太子是什麼官職呢？」玄宗說道：「皇太子是我百歲後代我來做你們君主的。」祿山拜謝回說道：「臣祇知道有陛下，不知道有太子，真是罪該萬死。」忙向太子下拜。玄宗由是更加喜歡祿山，封祿山為東平郡王，加官為河北道採訪處置使。祿山又入京朝謝，玄宗先命人在京

師替祿山建築第宅，而且親自命令監工的人道：「建築務要華麗，胡兒眼大，不要為他所見笑了。」祿山入京的時候，滿朝文武官員以及楊氏兄弟姊妹，都出郊外迎接。祿山入了京師，在新第設宴，玄宗命了宰相和楊氏兄弟姊妹赴宴。祿山知道玄宗寵愛楊貴妃，就自請認為貴妃的養兒，玄宗允許了，由是他得入宮禁，楊貴妃把錦繡做成大襁褓，包裹着祿山，使宮人用綵輿擡着，擡進宮中，仿照三朝洗兒的習俗，替祿山洗浴，大開湯餅筵會，歡笑的聲音，達於宮外。玄宗聽了，問是什麼緣故？左右的人回答道：「貴妃洗祿兒。」玄宗就賜給貴妃的洗兒金銀錢，又重賞了祿山一些禮物。自此祿山在宮禁中出入自由，對於他的養母楊貴妃更表示異常的親愛。祿山每次入宮，常是先行拜見楊貴妃，然後纔去拜見玄宗，玄宗很覺奇怪，便問祿山的緣故。祿山回答道：「臣本番族人，番族的習俗，是先母後父的。」玄宗聽了，很是歡喜，便不生疑惑了。

楊貴妃的從兄楊國忠，本從軍在四川，流落得不能歸家了。這時恰遇楊貴妃尊寵，四川的採訪使便命了楊國忠入京，交結宮中，做他的內援。楊

國忠得着了好機會，便買了許多蜀錦，帶來京師，分贈了楊氏的兄弟姊妹，藉着國戚的關係，大事貪緣，很得玄宗的喜歡，就授他為御史大夫和劍南節度使的官職，後來竟繼着李林甫為宰相。

在李林甫為宰相時，安祿山很是憚服他的才智，每見着李林甫，雖然是嚴寒的隆冬，也常汗出沾衣，所以祿山對於朝廷，不敢失禮。等到楊國忠繼任為宰相，祿山就很鄙視他，因此生了嫌隙，兩人的仇恨，愈久愈深了。楊國忠挾了嫌隙，便常對玄宗說道：「安祿山蓄意謀反，請先為防備。」玄宗不信他的話，仍然優待祿山。楊國忠便百般的挑撥離間，安祿山為他所激動，便不得不反了。

安祿山在范陽領着重兵，本有輕視唐朝的心思，祇因玄宗待他優厚，在良心上不敢公然反叛；如今受了楊國忠的激動，便以誅殺楊國忠為名，就起兵南下，當時國內昇平，不習兵事。所過州郡，盡被祿山攻破，一直攻陷了洛陽，又發兵向長安進攻，眼見得京師也要攻破了。玄宗着了急，楊國忠主張逃避到四川去，於是命了將軍陳玄禮率領六軍護衛，玄宗親帶了貴妃姊妹和皇子公主皇孫以及親近宦官，出長安

城，向四川退避。次日走到馬嵬驛，將士都飢餓得很，大為憤怒，以為這禍是由楊國忠造成的，就把楊國忠殺了，並將韓國、秦國夫人也一併殺了。但是將士的憤怒還沒有息，又要求玄宗把楊貴妃也一併正法。玄宗被逼不過，祇得命宦官高力士引着楊妃縊殺了。將士見貴妃已死，都頓首謝罪，大呼萬歲，然後纔整齊隊伍，向四川進發。

安祿山入了長安，自稱帝號，立了他的長子慶緒為太子，後來他的愛妾生子名慶恩，祿山又想改立慶恩為太子。慶緒恐怕得很，就乘着夜間，自己持了兵器立在帳外，使人執刀入帳中，斫破祿山的腹部，腸盡流出，祿山還去捫取枕邊的佩刀，沒有捫得，大叫道：「這是家賊！」又連被斫數刀，立即死了，於是慶緒即位。

玄宗退避到四川時，他的兒子肅宗就在靈武（在今甘肅省）即皇帝位，這時唐朝各州郡，有許多起兵討賊的，就集中靈武，肅宗命了郭子儀和李光弼領兵去收復失地，畢竟把東西兩京都恢復過來，平定了安氏之亂，玄宗和肅宗纔得回了西京，玄宗自稱太上皇，把國事盡交肅宗辦理。

七 宋太祖的帝業

　　唐朝自經安祿山的亂事後，國勢就很衰弱了，河北一帶的地方，都被安祿山的降將佔據，始終沒有恢復過來；國內武人紛起，皇帝不能制服，祇好封他們為節度使，各據地盤，叫做「藩鎮」，地方上的兵事民事財政，都被藩鎮把持了，成為軍閥割據的局面，皇帝不過擁着虛名罷了。等到唐朝的末年，黃巢造反，到處殺人，好容易調兵遣將，並調來沙陀部落（沙陀是突厥族的一種，據蒙古）的兵，纔把黃巢平定了。但是黃巢平定後，唐朝隨即滅亡，開了中國五代史的局面。這五代就是梁、唐、晉、漢、周，都在中原建國稱帝；其餘中原以外，還建立許多國，都是唐朝的藩鎮，稱帝稱王，戰爭不絕，當時百姓的困苦，真算到了極點，也是歷史上稱為極不幸的時代。

　　由黃巢投降到唐朝的將官朱溫，唐朝封他為

節度使，鎮守河南，他便篡了帝位，國號後梁。同時沙陀部落的首領李克用，戰勝黃巢以後，鎮守山西，唐朝封他為晉王。這梁、晉勢力相敵，彼此仇恨，攻打不絕，後來，後梁被李克用的兒子李存勗滅掉了，併有山西、陝西、河南、河北等處，自稱帝號，國號後唐。

外族契丹佔據熱河，在唐朝末年，漸漸強盛，後來併合奚族和渤海族，統有熱河和東三省，勢力就很大了。晉王李克用和契丹首領，交情很好。到後唐時，部將石敬瑭背叛後唐，引契丹兵南伐，滅了後唐，自稱後晉；把河北山西的北境，割讓契丹，做出兵的酬勞品，北京就是那時契丹創立的。契丹不久又引兵南伐，滅掉後晉，改國號叫遼。

遼兵退後，後晉的部將劉智遠[20]，據了中原，自稱皇帝，國號後漢。不久，後漢被他的部將郭威篡位，國號後周。後來，後周又被他的部將趙匡胤篡位，於是五代的局面告了結束，中國纔漸漸的歸於統一了。

---

[20] 後漢的建立者當為劉知遠，稱帝後改名劉暠。

趙匡胤在後周做殿前都指揮使的官職，常理軍政，幾次隨着郭威的兒子周世宗去征服州郡，立過很大的功勞，於是很得眾望，隱隱的做着一部份人的領袖了。有一次，周世宗在文書囊中，檢得一塊木頭，有三尺多長，木頭上寫了一行字道：「點檢作天子。」周世宗看了很是驚奇，因為這時是張永德做殿前都點檢的官職，周世宗便疑心這朕兆將來必應在張永德身上，就把張永德的官職罷了，改命趙匡胤做殿前都點檢。後來周世宗死了，他的兒子宗訓即位，宗訓的年齡還小，一切政權，盡在趙匡胤的掌握中了，於是趙匡胤秘密使了他的黨羽，實行他的皇帝運動。

這時恰有北漢會合契丹兵入寇的消息，宗訓命了趙匡胤率兵禦敵。在軍隊沒有出發之前，京中便發生了一種謠言，說：「軍隊出發的一天，將立點檢為天子。」一些百姓，都恐慌的很，以為大禍將臨，紛紛出京逃避；祇有朝廷中很是定靜，和沒事一般。趙匡胤領兵自汴京出發，這天晚上，宿營在陳橋驛，有將士出來對大眾說道：「如今周主幼弱，我們縱然出死力打破了敵人，有誰來顧念我們的功

勞呢？不若先行立了點檢做天子，然後出兵北上，也不為遲。」大家便都附和起來，於是一齊擁到趙匡胤的寢所，趙匡胤正醉酒酣睡，忽被驚醒，將士齊聲說道：「我們無主，願立點檢為皇帝。」趙匡胤還沒有回答，被將士們將黃袍已加到身上了，大眾羅拜高呼萬歲。又擁了匡胤上馬，回轉汴京，趙匡胤在馬上說道：「你們貪圖富貴，幹這樣的大事。但是能服從我的命令，我纔可允許；若是不能服從我的命令，我便不能做你們的君主了。」大家都下馬回答道：「願服從命令。」趙匡胤又說道：「周朝的太后和主上，都是我北面事奉的，不得驚犯；朝中公卿都是我的同僚，不得侵凌；都市和府庫，不得劫掠；從命的有賞，不從命的便要重罰。」大家都應聲道：「好。」於是整齊隊伍，還入汴京。大眾又擁了匡胤升崇元殿，行禪代禮，百官都齊集了，早有翰林官陶穀替周主撰好了禪位的文詔，從袖中取出，趙匡胤北面拜受，就升殿即皇帝位，改國號叫宋，稱為宋太祖。

宋太祖篡取後周的帝位以後，還有北漢劉鈞，南漢劉鋹，蜀主孟昶，南唐李景，吳越王錢俶都稱

諸將把黃袍加到趙匡胤身上

帝稱王，和宋朝對立，後來宋朝漸次平定，纔歸統一。祇有北方的契丹，始終未能平服，後來大為宋朝的禍害。

宋太祖以為歷來篡位的，都是掌管兵權的大臣，而他的掌管兵權的人，如石守信、王審琦等，又是他的故人，很有功勞的，因此心裏很不自安。一天，召了石守信等一班掌兵大臣，在朝中筵宴，酒酣之後，對他們說道：「我若沒有你們，我決不能到這地位，但是做了天子很覺艱苦，不如出外做一個節度使，倒還快樂。」石守信等不懂太祖的意思，便問是什麼緣故？太祖說道：「我的意思，不難知道，就是這皇帝位置，那一個不想坐呢？」守信等叩頭回說道：「今天命已定，那一個敢懷異心呢？」太祖說道：「你們縱然沒有異心，能保你們的部下不貪圖富貴麼？一旦把黃袍加到你們的身上，你們怎樣推卻呢？」於是守信等領悟了太祖的意思，便自請解除兵權，太祖封他們都為節度使。自此宋朝掌兵的沒有專責，雖然國內不發生篡奪的禍事，但是弄得國勢衰弱，後來受制於外族，還是所得不償所失哩。

宋朝把國內安定了，就先舉兵伐蜀，命王全斌率師出發，這時正當嚴寒的冬季，汴京大雪，太祖設氈帷於講武殿，着了紫貂裘帽在殿中視事，忽對左右說道：「我這樣的被服，還覺寒冷，念着西征將士，衝冒霜雪，怎麼能當這嚴寒呢？」即解了自己的裘帽，遣使者馳送全斌，並慰問諸將。全斌感恩奮發，所向無敵，就破了成都。蜀主孟昶投降，太祖封他為秦國公。

　　滅蜀之後，又起兵伐南漢，攻破了廣州，把南漢主劉鋹捉了，送至汴京，太祖封他為恩赦侯，很示優待。但是劉鋹從前當國的時候，常用鴆酒毒死臣下。一天，劉鋹跟了太祖遊講武池，太祖賜酒給劉鋹飲，劉鋹以為是毒酒，便哭泣說道：「臣罪固當死，但陛下既待臣以不死，臣願做一布衣之士，以觀太平的盛世，此酒實不敢飲。」太祖笑道：「我推赤心置人腹中，那有這事呢？」即取酒自飲，劉鋹慚愧得很。

　　南唐主李煜據了建康，自宋滅南漢後，更為恐慌，就自請去掉南唐國號，稱江南國主，時常遣使貢獻，對於宋朝很是小心事奉，宋太祖更令李煜

進京朝見，李煜不敢至京，太祖就命了曹彬領兵伐江南。太祖因為從前王全斌伐蜀，多殺了投降的兵士，心裏很恨。這次伐江南，太祖對曹彬說道：「江南的事，盡委給你，破城之後，切勿多事殺戮。」又賜一劍給曹彬，說道：「自副將以下，有不聽從命令的，就將這劍斬首。」於是曹彬帶兵出發，打敗了江南兵，進圍建康了。

在圍攻建康的時候，有一天，曹彬忽然稱病，不理軍事了，將士們都驚惶得很，同來問候曹彬的病，曹彬對將士說道：「我的病不是藥石能治好的，衹要你們在破城之後，不亂殺一人，我的病自然就好了。」於是將士們都同聲應允，並且焚香設誓。次日曹彬就復行視事。到了破城之後，果然兵不血刃，建康城裏的百姓，莫不個個歡喜。李煜降到汴京，太祖封他為違命侯。

吳越王錢俶據了浙江，他對於宋朝本來小心事奉，等到宋朝滅了南漢和南唐，就更加恭敬，稱臣進貢，而且親自入京朝見，表示傾心歸服。當錢俶入京朝見的時候，宋朝的臣子都上書請把錢俶扣留，免得用兵去平吳越。太祖不信臣子的話，很是

優待錢俶。到錢俶回吳越的時候，太祖賜他黃布包袱一個，並且囑咐道：「你到了半路，可將此包開視。」錢俶走到半路，開了包袱看時，裏面盡是宋朝臣子請扣留錢俶的奏書。於是錢俶很感激太祖，便死心蹋地歸附宋朝了。

宋太祖統一了中國，處處都能表示親愛百姓，所以政治也還不錯，就創造了宋朝三百年的帝業。但是因為解除功臣兵權，把想做皇帝的心理赤裸裸地表現出來，證明人同此心，這就可見君主的制度，早已應該崩潰哩。

八 王安石的變法

　　宋朝自太祖平定了各國，祇有遼國仍然雄長北方，和宋朝對敵，把中國又分做南北朝的局面，河北和山西兩省的地方，是當時宋遼兩國的競爭場。後來宋朝和遼國講和，南朝為兄，北朝為弟，但是宋朝還要每年納幾十萬的歲幣，給與遼國。

　　還有西夏國本是西蕃部落，部長是唐末的潘鎮，子孫相傳，宋朝賜姓為趙，漸漸強盛起來，佔了陝甘邊地和河套地方，獨立稱帝；宋朝屢次攻打，都不能得利，便彼此講和，約宋朝為父，西夏為子，但是宋朝也每年要納幾十萬的歲幣，給與西夏。

　　這時宋朝雖然名義上是和外國講和，其實是受外族的壓迫，所訂的條約，盡是喪權辱國的條約，不但割讓土地，而且每年要納一定的歲幣，送給外國，把百姓的血汗，供給外族無饜的要求，到底還是不能滿足外族侵略的野心，不到國破家亡，外族

的侵略，是不能休止的。

　　宋朝處着這種時勢，自然應該按照當時的環境，改變方法，把國內整理，自謀富強，纔可抵禦外族，救得國家的危亡。但是當時的大臣如韓琦、司馬光等，都還在醉生夢死之中，祇知固守中國數千年治國的舊法，不肯絲毫改變。這時祇有王安石是明瞭國家政治的人，他見了國家岌岌可危的情狀，就想出救國的方法來。

　　王安石是宋朝特出的人才，在他少年的時候，就嗜好讀書，很留心古今社會政治的情形，所發表的文章和政見，常是驚動一班守舊先生的頭腦，他的文章在中國文學史上是很有名的，就是現在所稱「唐宋八大家」中的一個。在他初入政界時，便做鄞縣（屬浙江省）的縣官，到任以後，注意富國利民的方法，修築隄堰，開決陂塘，對於水利的事業，極力提倡，替農民謀得許多的利益；又把公家的穀借給民間，春放秋收，一般農民得着很大的便宜，鄞縣經他治理，真是家給人足，莫不個個稱頌，這就是他的政治理想，運用到實踐上的初步。

　　他從此相信要圖國家富強，挽救危亡，非盡

變舊法改行新法不可。這時是英宗皇帝當國，調他服官京中，他便上了萬言書，洋洋灑灑，詳說治國的方法，不宜死守先王的法度，要遵照先王治國的本意，而中以改變，使人民個個得盡其能力，以生無窮之利。英宗見了，雖然稱賞，但是為一班守舊派所把持，不敢信用，加之安石在朝，遇事都有獨見，必據理力爭，從不肯附和他人的，有一次，出了一樁命案，是一個少年犯了殺人罪，因為這少年養了一隻鶴鶉，他的朋友向他要這鶴鶉，少年不肯，他的朋友恃着平日和他很要好的友誼，就雖然沒有得到他的允許，竟公然取着鶴鶉走了，這少年追了上去，竟把他的朋友殺死了。於是朝中的刑官，論這少年犯了殺人罪，應當處以死刑。王安石便加以極端的反對，他的反對理由是：按照法律，無論是公然取去或私自竊去都可以叫盜；今不得人的允許，便自取了去，自然也是竊盜行為了；那末，這少年追殺他的朋友，便是因捕盜而殺盜了，就不當處以死刑。後來這案經過審刑大理官的審判，竟維持刑官的原判，把那少年處死了。還論安石議論過激，令他入朝謝罪。安石自以無罪，抗不

奉命；御史官又奏安石的違抗，但是英宗不加以追問，這事也就罷了。安石在朝，對於一些大臣，也是用這種剛直的態度，所以很不得大臣的悅服，後來因不安於位，竟自動的辭職了。

英宗死了，神宗即位。神宗是素來聞得安石的名譽，很欽佩他的才幹的，即位以後，極想整理國政，以圖自強；就召了安石入京，問他治國的方法。安石回答說：「現在的儒者，都是世俗的庸人，不知道世務，他們的話切不可聽；如今最重要的，是要改變風俗，更立法度，纔可圖得自強，以救國家的危亡。」神宗聽了很以為然，就命安石為宰相，治理一切國政。

王安石既得着神宗的信任，拿了國家的大權，便斟酌當時情形，立出許多新法來。他的新法的本意，也是力求解決民生問題，以及謀自衛的方法。但是當時宋朝的經濟情形，是農業社會的經濟，沒受絲毫工業經濟的影響，社會問題就很簡單，所以他的新法便衹注重發展農業和便利農民，同時在農村中藏着軍備。這種方法，實在是適合當時的環境，假使得着國人的同情，由信仰生出很大的力

量，就可以打破外族的侵略，報仇雪恥，何至宋朝的天下反為外族所滅亡呢！

安石所立的新法，有：農田、水利、青苗、均輸、保甲、免役、市易、保馬、方田等法，都派了官吏，專司其責，頒行全國了。

農田法是開拓荒地，講求農業，為發展農業的根本。

水利法是疏河築堤，開鑿池塘等，專務請求水利。

青苗法是把公家藏穀賣作青苗錢，春天播種的時候，借給農民，到秋間收穫了，令農民出息償還。

均輸法是各地的產物應供給京師的，不必在原地輸送產物，可在京師附近購買，或在他處採買價值便宜的同樣產物。

保甲法是把鄉村的農民，二丁取一，十家為保，保丁都給以兵器，使他們練習戰陣的武備。

免役法是不能充役的人，就按照他的家產的高下，令其出錢僱人充役。

市易法是人民可向公家借錢，但須納田宅或金帛為抵押，償還時納息二分；過期不還，須納一定

的罰金。

保馬法是每保中有願養馬的，由公家給馬一匹，公家每歲派人視察，馬肥的給賞；馬病死的，就令其賠償。

方田法是量土地的肥瘠，定出等級，再按等級抽收租稅。

新法頒行了，大為守舊派所反對；而安石所用的人，又不免有貪官污吏從中舞弊，於是不獨沒有效力，而且大失民眾的信仰，百姓也發出怨恨之聲了。

這時的守舊派，祇知道摭拾了前人「仁義教民」的政教，那裏顧及民生國計，和急謀自強以圖抵禦外族的方法，而且不脫神權時代的習俗，遇着水旱天災，和山嶽崩壞，都指安石的新法亂國，激動天變，不斷的向神宗請罷此新法。這時的文學家蘇洵也是守舊派的中堅份子，作了一篇辨奸論，指王安石為大奸慝，竟比之於豎刁、易牙，神宗受着這種包圍，後來竟把新法罷止了。

宋朝自此國勢不振，外族的侵略，一天一天的加緊，後來徽宗欽宗兩個皇帝，都被金人捉去，國家竟被外族滅亡了。

（九） 朱熹的道學

　　宋朝自徽宗和欽宗兩個皇帝，都被金人擄去，中原地方，就屬於金人的勢力範圍了。高宗逃避到浙江，即了帝位，保持着宋朝的名義，後人稱為南宋。

　　南宋雖然是偏安的局面，然而文化很是發達，在中國的學術史上，很佔了重要位置，尤其是於儒家的道學，把微言妙義，很研究得詳盡，承接了孔子、孟子的道統，為後代所尊崇，在這南宋的道學家，以朱熹為最重要。

　　朱熹的故鄉，本是安徽婺源縣^㉑，當他生了纔能說話的時候，他的父親指着天上教他道：「這是天。」他便回問道：「天的上面，還有什麼東西？」他的父親竟被這初生小兒難着不能回答了。他幼時常和一些小孩在沙灘上遊戲，他獨端端正正的坐了，把

㉑　婺源，今屬江西省。

指頭在沙上亂畫；他的父親去看他所畫的，盡是八卦。因此他的父親很覺奇異，就令他去隨從當時有名的學者求學。不久，他的父親死了，而他還是少年，不能自立，家裏又極貧窮，便往倚靠他的父親的朋友過活。他雖然處着這種艱苦的境遇，但是不能撓折他的求學志向，他更刻苦奮勵。這時羅從彥是有名的學者，和他相隔很遠。他仰慕羅從彥的學問，步行幾百里，去從羅從彥求學。因此他的造就很深，更進而研究哲理的學問。他的求學大要，就是每遇一事一物，必要窮究其理，《大學》上所稱的「格物致知」，就是這個意思。

中國儒家是以經書為最重要，所以自漢朝儒學大興以後，歷代的儒生都要研究經書；但是經書本是古代文字，後人多不容易懂得，要請博士先生加以講授，因此歷代名儒解釋經書的著作很多。漢朝的儒家，研究經書是很有名的；東漢鄭玄把《詩》《書》《易》《禮》《春秋》五經，都做了註解，在中國儒學界有很大的貢獻，所以有「漢學」的名稱，但是祇就了字句間解釋得詳細，而於經書中的義理，卻少發明。

朱熹懷着昌明儒學的大志，要矯正漢學的錯誤，

朱熹獨在沙上畫八卦

便把經書中精微的義理，詳細研究。原來經書中有四部書，是儒學義理的精華：一名《論語》，是孔子說的話；二名《孟子》，是孔子的私淑弟子孟子說的話；三名《大學》，說是孔子的弟子曾子傳下的；四名《中庸》，說是孔子的孫兒子思傳下的。這四部書，講的都是人倫道德，和各種精微的義理。朱熹對於這四部書，用盡很大的心力，發出許多的精義，而且把這四書，都從新加以註解，還對於詩經書經易經和在代聖賢的哲學，都有詳細的研究和發揮心得的著作。因此朱熹的名譽，一天一天的高漲，負着大儒的盛名了。四方的學者，都來奉他為師。

他對於做官，是不太情願的，朝廷雖然幾次召他去做官，他常是很誠懇的辭讓。他雖然家裏貧窮，過着那簞瓢陋巷的生活，倒覺得很快樂。他的一班學生們，有許多是從遠方來的，跟了他吃的是藜羹豆飯，也不以為苦。他教學生的方法，並不是教做文章，而是教做人的道理。他常對學生說道：「古時聖人千言萬語，祇是教人做人罷了。」又說道：「學了就要切實去做，不是祇憑口裏說得；若是不要去做，祇憑口說，那末，從前七十子跟着孔子，只消孔子兩天工夫

就可說盡了，何必跟着孔子多年不去呢？」

　　朝廷因為他的名譽很大，幾次召他去做官，他違拗不過，就應召做了幾次不重要的官職。這時金人佔據中原，勢力很大，朝中大臣，祇圖苟安，主張與金人講和。朱熹便上書皇帝，以為金人是不共戴天的仇怨，應該亟謀備戰，以圖報仇雪恥，不宜講和。又說皇帝宜屏除人欲，擴充天理，和許多治國的方法。當朱熹入朝的時候，有人對朱熹說道：「正心誠意之說，是當今皇帝所不願聽的，你不要發這種議論。」朱熹回說道：「我一生所學，就在這四字，怎能隱默以欺君呢？」朱熹在朝，因為議論正大，很不為一班小人所悅服，於是被小人指為偽學。同時有人上書皇帝，說：朱熹本無學問，不過拾了前人的緒餘，自稱道學，帶了學生數十人，到處遊歷，妄學孔孟的周遊列國，請辦朱熹以虛偽的罪。幸而皇帝不肯深信，沒有難為他。但是朱熹在朝不久，便自動辭職了。

　　朱熹辭職以後，名譽更其大了，四方的學者來從他的學的，也愈加多了。他和學生們除了研究學問以外，還要議論當時的政治；因此更惹起朝中大臣的嫉惡。於是有附和朝裏大臣的人，又上書皇

帝，指偽學朱熹自辭官後，更為猖獗，結成黨羽，圖謀反叛，請把朱熹斬首，以絕亂根。這個消息一出，就轟動了全社會，因為信仰朱熹的人很多，大家都恐怕受牽連的罪，其中膽怯的，就紛紛逃至他鄉躲避；甚至有脫卻儒者衣冠，故意走入市井中，作狎邪的遊戲，以表示脫離儒黨的。祇有朱熹還是和他的一班學生，請學不止。有人勸他把學生解散；他笑了一笑，一句話也不回答。後來朝中有人替他辯護，他纔得着安全。

朱熹活到七十歲就死了，當辦喪事的時候，四方學生都相約齊來會葬。朝中大臣以為學生們齊集了，又要議論朝政的得失，就下令禁止，不准學生集合，實行強力制止；這時學生的團結力不堅固，果然被朝廷的暴力壓住了。

後來朝中的小人退去，纔知道朱熹是真正大儒家，封他為徽國文公，以後歷代加以尊崇，至稱孔孟以後，朱熹接着儒家的正統。凡兒童上學，都要讀朱熹所註的四書。一切經義，都要以朱熹的著作為依歸，「宋學」的名義便因此而起，他的價值，也超過漢學之上了。

✚ 岳飛的孤忠

　　南宋高宗因避金人的擾亂，從汴京逃到浙江，即了帝位，金兵還是窮追不捨，定想滅掉宋朝。在這岌岌可危的時候，幸賴着岳飛把金兵打退，撐持了南宋偏安的局面。但是以岳飛的才幹，本可以恢復中原，報仇雪恥；不幸被賣國奸臣秦檜所害死，使千載以後的人，都要替着岳飛掉幾點傷心淚，如今把這段傷心史述來。

　　岳飛在少年時，發憤求學，最好研究《左氏春秋》和《孫吳兵法》；又生有神力，能挽三百斤的弓。他從了周同學射，盡得了周同的射法；後來周同死了，他每逢朔望，必要在家中設位致祭，因此當時都稱讚岳飛是重義的人。這時國家多難，岳飛懷着文武全才，就自請投入軍中做敢死士，衝鋒陷陣，很是驍勇，立過不少的功勞。

　　宗澤做汴京留守，見了岳飛，大加稱賞，對

岳飛說道：「你的智能，是古來良將所不及的；但是你好野戰，太覺危險了。」就教導岳飛以戰陣的方法。岳飛回說道：「陣法是兵家的學道，但是運用的妙處，應存乎一心哩。」宗澤聽了，很是佩服。自此岳飛便做宗澤的部將，這時汴京是大受金兵的逼迫，岳飛屢次帶兵抵敵，都得着大勝。有一次，和金兵在氾水關大戰，岳飛射死了金將，大破金兵；但是金兵眾多，仍然和岳飛相持，岳飛選了精銳三百人，伏在山下，令每人備了兩把柴薪，做成交叉，夜間四端點起火來，金兵望見，疑為加了援兵，便大驚恐，岳飛乘勢進攻，金兵不戰自潰，從此不敢逼着汴京了。後來宗澤病死，杜充接守汴京，因恐怕金兵的勢焰，要退守建康。岳飛說道：「中原之地，尺寸不可棄掉，我們一舉足，此地就不歸我們所有了。」杜充不聽，畢竟退守建康，岳飛沒法，祗得隨至建康，不久，汴京就歸金兵所佔了。

金兵又進攻建康，宋朝諸將都被金兵打得潰散了，祗有岳飛還保全了他的一部，仍然和金兵盡力死戰，杜充見了這種情勢，便投降了金人。金人就得着建康，又發兵進攻浙江，直取南宋的都城，岳

飛領了兵卒在半路截擊金兵，和金兵連戰六次，都得了勝，把金將捉了，士兵也俘獲很多。岳飛又引兵進攻建康，連戰皆捷，就把建康恢復了。自此金人都叫岳飛軍為岳爺爺兵，每聽得岳爺爺兵來，莫不個個嚇得面無人色。

這時南宋祇保守了浙江一隅，江淮間寇賊紛起，岳飛恢復了建康，把金兵打退至北方以後，又帶兵去平定寇賊。戚方、李成都是江淮間的大寇，經岳飛次第平定，高宗嘉獎他的功勞，親手寫了「精忠岳飛」四字，做成一面大旗，賜給岳飛。

岳飛志在恢復中原，又進取了襄陽、荊州一帶，做進窺中原的根據地。這時大寇楊幺盤踞洞庭湖，恃著湖中天險，官軍幾次不能平定，岳飛為要肅清後方計，便決定先行平服楊幺，就派了使者到洞庭湖中招降賊眾。賊黨黃佐是素來仰慕岳飛的忠義，就首先投降，岳飛加了黃佐的官職，又親自到了黃佐的營中，拍着黃佐的肩背說道：「你能建功立業，不少你的封侯爵位，現在你能替我再至湖中招降賊眾嗎？」黃佐很是感激，答以誓死相報。黃佐又走入湖中，招降了許多驍悍的賊將，祇有楊幺

不肯投降。楊幺自造輪舟，以輪激水，彷彿現在的輪船，能夠在水中走得很快；船的四周，又裝有竹竿，如果官軍的船，撞着竹竿，船身即刻破爛，這是他所創造的防敵的利器。他恃着這種利器，所以敢作頑強的反抗。岳飛想了破敵的方法，把君山（在洞庭湖中）的樹木斫下來，做成大筏，塞住湖中的港汊。又把腐爛的木頭和雜草，堆積在上流的水面，然後使人在下游的水淺處，故意和賊黨挑釁，口裏亂罵。賊黨聽了，果然大怒，乘船追趕，不料舟輪盡被爛木雜草纏住，不能前行了，岳飛就發兵進擊，賊船衹得逃奔港中，但是到了港中，又被大筏所阻，岳飛命了兵士一齊登乘大筏，用木頭把賊船盡打破了。楊幺也落於水中。岳飛的部將牛皋走入水中，將楊幺捕捉了，於是楊幺的部下盡行投降。

岳飛把中國南方都平定了，就整頓北伐，恢復中原。這時宰相秦檜主張與金人講和。岳飛獨不主張和議，極言金人無信，若與他講和，將來必要受騙，貽誤國家，因此秦檜便銜恨了岳飛。

岳飛調集了諸將，整頓兵馬，便大舉北伐；先遣了諸將分道出兵，自己駐紮郾城（屬河南省），兵

勢很盛。金將兀朮大為恐懼，就請了金部的龍虎大王和蓋天大王，商議軍事，都以為宋朝諸將中，祇有岳飛不可當，應竭盡全力，和岳飛決一死戰。於是兀朮和龍虎大王、蓋天大王的兵，會合一起，逼攻郾城。原來兀朮有一種勁軍，人馬都穿了幾層的鎧甲，每三人用繩索穿做一聯，稱為「拐子馬」，用了衝破敵人的陣線；從前宋兵屢次被這勁軍衝破，無可抵當。岳飛知道這勁軍的厲害，便命了步卒都拿了麻札刀入陣，不要擡頭仰視，祇令砍馬足；那拐子馬是三馬相連的，一馬仆倒，其餘兩馬就不能行了，岳飛令兵一齊擁上，奮勇擊殺，把金兵打得大敗。兀朮流淚說道：「我自海上起兵，都以拐子馬致勝，今被岳飛攻破了。」岳飛更乘勝跟蹤追擊，把金兵殺得七零八落，兀朮剩得一身狼狽逃歸。於是岳飛進兵到了朱仙鎮，隔汴京祇有四十多里了。

汴京城裏，就大起紛亂，中原各地的豪傑，都紛紛起兵響應岳飛，祇等岳飛一入汴京，便起來驅殺金人；百姓都挽車牽牛，載了乾糧，預備在路旁迎接岳飛。兀朮想發兵去抵禦岳飛，部下都不敢奉命，而且向岳飛秘密投降。兀朮嘆氣道：「自我起兵

岳飛把金兵殺得大敗

北方以來，沒有遭過這種挫折。」便決計棄去汴京，退守河北。

　　岳飛在朱仙鎮得了金將投降和中原豪傑起兵響應的消息，大為歡喜，對諸將說道：「當直抵黃龍府（即今遼吉兩省地），和諸君痛飲。」正要開拔前進了，忽然奉到高宗皇帝撤兵的命令，一日連接到十二道金牌，是召岳飛撤兵回去的。岳飛奉了這命令，急得眼淚直下說道：「我的十年苦功，盡廢在這一旦了。」一些百姓聽得岳飛撤兵回去，都跪在路旁，痛哭請留。岳飛也悲泣回說道：「我是奉皇帝的詔命，不敢擅留。」於是百姓更加傷心痛哭，山嶽都被哭聲震動了。岳飛回到浙江，見了高宗，祇是哭泣拜謝，並沒有說一句別的話。

　　高宗撤兵的命令，是秦檜主使的。因為秦檜主張與金人講和，劃了淮 [22] 以北的地方歸金人，已有成議了。並且金將兀朮使人對秦檜說道：「你雖然主張和議，但是岳飛正謀佔我河北，非把岳飛殺掉，和議不能成功。」秦檜也以為岳飛不死，自己必然招

㉒　指淮河。

禍，便決意謀殺岳飛，所以逼着高宗下令撤兵，召岳飛回來。

秦檜又使了他的黨羽上書，告岳飛從前攻金人，逗留不進，心懷異志。於是秦檜使人捕捉岳飛，下在獄中，刑官審訊時，岳飛袒衣露背，背上現出「盡忠報國」四個大字，墨色深入到肉理中。秦檜沒法能治岳飛的死罪，就使了獄卒在獄中把岳飛治死了，死時年纔三十九歲。後來朝廷知道岳飛的冤枉，加岳飛以武穆的諡號，就是後代的人也都替他傷心，並且痛恨秦檜的奸惡。岳飛葬在西湖，後人把鐵鑄成秦檜的像，跪在墓旁，凡是瞻仰岳墓的，都把秦檜的鐵像痛打一頓。所以岳墓上有人做了一首對聯道：「青山有幸埋忠骨，白鐵無辜鑄佞臣。」至今還是巍然的存在呢！

元世祖的入主中國

　　擾亂宋朝的金人，本是女真族，原住在遼寧、吉林一帶的地方。當契丹進據燕京，佔了中國北方的時候，金人纔漸漸的強大起來；後來金人竟滅了契丹，完全佔有中國中原之地，遷都到汴京㉓，自稱皇帝，和南宋對立。

　　這時蒙古族也漸漸強大起來，覬覦着中國的富庶，便極力謀向中國發展，自從蒙古主特穆津㉔棄掉酋長的稱號，仿照漢族的制度，自稱帝號後，時常發兵向金人進攻，甘肅、寧夏一帶，都為蒙古的勢力所侵入了。後來特穆津的兒子烏格臺㉕繼位，用了

㉓　金朝於 1115 年立國，初建都上京會寧府（哈爾濱），貞元元年（1153 年）遷都中都大興府（今北京），金宣宗在位後又遷都汴京（今河南開封）。

㉔　即鐵木真。

㉕　即窩闊臺。

耶律楚材做宰相，這耶律楚材雖然是生長異族，卻很知道治國大體，把朝中的禮儀制度，從新制定。使諸路的州縣長吏，專理民事；特設萬戶府，專總軍政；又立了課稅所，專管財政。用人祇重才能，不限於自己的同族，引用了許多漢族的士人，從此盡脫離了蠻夷的習氣，儼然一上國了。

新興的蒙古勢力，不斷地向中原進攻，金兵那裏能敵得過，蒙古兵分道攻進了四川、河南、山東等地，蒙古主自己領兵到了鄭州，就發兵圍攻汴京。金主和羣臣閉城堅守，外面雖有金兵來救，都被蒙古兵打敗。金主在城中着了慌，就把自己的兒子做抵押品，請與蒙古兵講和。蒙古兵不答應，仍舊盡力攻打，這時已發明了火藥，蒙古兵有一種火礮，名叫震天雷，用鐵罐裝滿火藥，火發罐裂，聲音好似雷動一般，半里以內，都被火花佈滿了，金兵守城的兵士，被火花所傷的很多，金兵的勢，更屬危急，城裏的糧食也沒有了，於是金主棄了汴京，向河北逃避，汴京就為蒙古所攻破了。後來金主逃到蔡州（今河南汝南縣）又被蒙古兵攻破，金主自縊死了，自此金朝為蒙古所滅，蒙古盡佔了中

原之地。

蒙古既佔了中原，仰慕漢族的文明，便推重儒家，尤重宋學，設太極書院於燕京，令諸生研究宋儒的哲學，由是中國的道學，推行於全國了。漢族的文化，為外族所不及，所以雖為外族所統治，而因着文化的關係，外族反為漢族所同化了。中國北方自五胡、契丹、金、蒙古佔據以來，漢族受制於外族統治之下，經過幾百年，然而外族都祇有受漢族的同化，逃不出這例外。

蒙古主烏格臺死了之後，女后[26]專政，惹起了爭位的混亂，後來呼必烈[27]即位，纔定了內亂，稱國號為元，建都於燕京，就是後人所稱的元世祖。元世祖即位以後，就想吞滅南宋，統一中國，命了阿珠為征南都元帥，發兵南下，攻破了襄陽、樊城（均屬湖北），得了許多戰艦，沿着長江順流而下。這時南宋用了賈似道做宰相，方沉迷於酒色，祇圖快樂，不願與聞兵事，元兵攻陷了州郡，也不調兵援

[26] 即乃馬真后。
[27] 即忽必烈。

救，並且不使皇帝知道，所以元兵勢如破竹，一直衝進長江的下游，江淮各地都相繼失陷了。於是浙江震動，南宋便異常危急，南宋皇帝到了這時方纔覺悟，驅逐賈似道，命張世傑、文天祥等統兵禦敵。

張世傑率了舟師萬餘艘，泊在焦山的下面，把戰艦排列於江中。元將阿珠登石公山上，望着江中的戰艦，說道：「這最好用火燒。」就選了善射的兵士千人，用戰艦載着，分兩隊向宋兵的戰艦射來，火箭齊發，宋兵的戰艦盡被火焚燒，煙焰滿江，死的不計其數。張世傑逃得活命，可是所有的兵，已不能成軍了。

於是元兵又攻破了常州，直進到浙江，宋朝遣使奉了傳國璽投降，又命了吳堅和文天祥入元軍中，商議條件。文天祥對元將說道：「北朝若能承認宋為鄰國，請暫退兵，再議講和的條件。若必要滅我宋朝，勢必各處義兵紛起，戰事不可終結了。」元將看了文天祥的舉動不常，就知道他的志向不小。便把文天祥扣留於軍中，元兵又進軍杭州，把宋帝㬎和皇太后都捉了，解送燕京。宋帝㬎的兩個弟弟益王和廣王，乘着元兵進城的時候，逃得出來，後

來走到了溫州。

　　文天祥被元兵扣留在軍中，等到元兵破了宋朝，捉了宋帝和皇太后解送燕京後，元兵又把文天祥也解送到燕京。文天祥走到了鎮江，乘着解送的士兵沒有防備時，就偷偷的逃了出來，扮着乞丐模樣，一路千辛萬苦，路上幾次遇着元兵，險些兒又被元兵捉去，都經他逃脫出來，纔得到了儀徵縣（屬江蘇）。聽得益王和廣王都在溫州，便取了海道，到達溫州。

　　廣王和益王逃到了溫州後，宋朝臣子中有忠義性的，都趕來聚在溫州，如張世傑、文天祥、陸秀夫等都不約而齊了。於是共議奉了益王即皇帝位，進據福州，把福建做根據地，慢慢的圖恢復中國。但是元兵窮追不捨，聽得益王在福州稱帝，還保持了福建、廣東的勢力，又分道出兵向閩粵進攻。張世傑、文天祥都領兵禦敵，那裏抵敵得住，盡被元兵打敗了；於是福州又很危急，張世傑奉了益王和廣王及后妃等，並軍士百姓數十萬人，齊登海舟，入海逃避，就到了惠州（屬廣東），又遷到潮州的淺灣。元兵又攻淺灣，張世傑奉了益王和廣王同奔

至井澳（在廣東香山縣南海中橫琴山下）因在海中遇着颶風，海舟壞了，益王溺於海裏，後經救起，從此得了驚病，不久就死了。一班臣子又立了廣王做皇帝，仍圖保持宋朝的帝業，和元朝作最後的掙扎。但是這時大勢已去，以這飄流海上的皇帝，要和元朝的大兵對敵，怎麼能敵得住呢？

張世傑等以為井澳還不足以固守，又奉了皇帝遷到厓山，這厓山在廣東新會縣南的大海中，地勢險峻。想藉此扼着險要，做長久保守之計，命人入山伐木，起造宮室，在這荒涼海島之上，建立一個朝廷了。又命了文天祥屯兵潮陽（屬廣東），以防元兵。

元兵平定了福建，就長驅直入廣東，攻破了廣州，又進攻潮陽，文天祥抵敵不住，祇得退走海豐，被元兵追來，竟把文天祥活捉了。元朝的將官見了文天祥，很是敬重，待以客禮，文天祥屢次請死，元將不許，祇是派人嚴密的監守。

元兵既破了潮陽，便乘舟入海，直攻厓山，海口盡被元兵塞斷，宋兵進退不能，異常恐慌，完全沒有抵抗的能力了，等到再和元兵接戰，便大潰

元軍用火燒宋軍的戰艦

散。陸秀夫對廣王說道：「陛下當死國難，不可受元兵的戮辱。」就負着廣王，一同投入海中。張世傑乘着戰艦，正待逃奔入廣，忽颶風大起，就墮水溺死，宋朝自此滅亡了。

元兵平定了宋朝，班師北上，將文天祥一併解送燕京。元世祖和朝中大臣都仰慕天祥的忠義，設館優待，常使人婉勸天祥投降，天祥始終不允，祇求速死，世祖不忍加以誅殺，幽禁四年，到沒法使他投降，纔把他殺了。自此整個的中國，就為蒙古族所統治了。

元朝統治了中國，又發兵去攻打外國，如日本、安南、緬甸、爪哇等國，都被元朝征服了。元朝的兵力，還到了歐洲，征服了俄羅斯，打敗了歐洲聯軍，那時世界上的武力，沒有能敵得過元朝的。中國歷代的強盛，要算以元朝為最。那時的中國，實足以誇耀世界呢！

十二　明太祖復興漢族

　　元朝因為統轄的地方太廣，又時常和外國打仗，雖然威名及於遠方，卻弄得國內空虛了，百姓很是困苦，所以元朝的末年，盜賊蠭起，官兵不能平定，元朝的天下就亡在這盜賊之手了。

　　在這元末盜賊擾亂的時候，濠州（今安徽鳳陽縣）地方有一個孤苦無依的少年，乘着時機，起兵定亂，就奪取了元朝的天下，恢復了漢族的統治權。這少年姓朱名元璋，當他十七歲時，他的父母、哥哥都死亡盡了，剩得他單身隻影，而且家裏貧苦，自己又沒有謀生的本領，生活就很艱難了。他在這沒有辦法的時候，便投身到皇覺寺裏削髮為僧，於是緇衣托缽，遊食遠方。走到合肥縣，生了大病，在這行旅中，一來無人照料，二來病勢險惡，他便陷於萬分的危險中了。後來他的病好了，又在外遊食數年，方纔回轉寺裏。這時盜賊四起，各據

州郡，擁眾數萬，郭子興也在濠州起兵；元朝的將官，很是怕死，不敢去和盜賊對敵，卻亂捉了一些良民，妄稱盜匪，還要以此報告朝廷邀得功賞。所以這時的百姓，受着官兵和盜賊兩方的逼迫，苦不堪言了。

這時朱元璋已二十四歲了，因為濠州已起了兵亂，就不能容許他過這和尚清淨的生活，他便走入濠州城，見了郭子興，子興很稱賞他，留他做一個親兵。後來他很打了幾次勝仗，替子興出過不少的力，漸漸陞做將官了，他見了子興的才幹，很不足以成大事，便廣交豪傑，擴張軍備，自己帶兵攻下了滁州、和州（均屬安徽）做根據地。後來郭子興死了，所有的部將，盡歸屬朱元璋了，於是元璋佔據安徽北部一帶，擁眾數十萬，勢力很盛。便發兵渡江，打敗元兵，直攻破了金陵，元璋入了金陵城，廢除元朝的苛政，百姓很是歡喜。

當時和朱元璋同起兵的，有張士誠佔據江蘇浙江一帶，陳友諒佔據江西、湖北一帶，都是聲威很大，成為各不相上下的勢力。元璋懷着統一中國的大志，先謀肅清了南方，再進兵中原。他以為張

士誠是器量很小的人，必然沒有遠大的志願和深刻的眼光；陳友諒是志氣驕傲的人當然是喜生事端的；就決定解決了陳友諒，然後解決張士誠是很容易的。他便親自領兵，水陸並進，沿着長江順流而下 [28]，進軍九江，恰和陳友諒的兵，相遇在鄱陽湖中。友諒擁了水軍號稱六十萬，盡是艨艟艦，聯成陣式，擺列湖中，艦上的樓櫓高數十丈，旌旗戈盾排列得齊齊整整，望了好似山嶽一般。元璋便把水軍分成十一隊，向前猛攻，火礮齊發，燒的燒，殺的殺，一場惡戰，在這湖中，好不熱鬧。友諒的部下有一員驍將名叫張定邊，衝殺過來，逼近了元璋所乘的戰艦。這時恰巧元璋所乘的戰艦，又被擱在淺灘上，進退不得，元璋正萬分危急了，幸虧他的部將常遇春，從旁趕來救應，颼的一箭射中了張定邊，又指揮諸艦都來救應，那些戰艦一齊擁上，水激浪大，纔把元璋所乘的戰艦也推動了，使元璋脫離了這次危險。陳友諒又令所有戰艦，齊出應戰，元璋的軍心便有些恐怖起來，元璋親自奮勇督戰，

---

[28] 當是逆流而上。

手斬退縮軍士十餘人，兵士們纔鼓起勇氣，盡力死戰。到得天黑時，東北風大起了，元璋命了敢死士乘坐小舟，載滿火藥蘆葦，衝進友諒的戰艦中，縱火焚燒，友諒的軍艦許多着火，延燒一大半了，元璋又指揮兵士奮勇前殺，友諒的軍便大慌亂，被燒殺的不計其數，湖水的色也被血染紅了。友諒兵敗祇得退走，又被兵截擊，中了流矢而死，於是江西、湖北都平定了。

朱元璋既破了陳友諒，回轉金陵，自稱吳王。這時中國南方，還有張士誠據了蘇州，擁有蘇浙一帶的地方。在元璋攻打陳友諒的時候，果然不出元璋所料，張士誠祇知道保守自己，並不發兵襲攻金陵，做陳友諒的聲援，使元璋很容易的肅清了陳友諒。一到陳友諒破滅之後，元璋又發兵攻打浙江，降服了杭州、湖州，於是士誠的勢力孤弱，元璋就命了徐達、常遇春兩員大將，統兵二十萬進攻蘇州，士誠的兵，那裏抵敵得住，徐達等長驅直入，圍了蘇州城，沒有好久，就攻破了，把張士誠也活捉了。於是朱元璋盡有了中國南方之地。

朱元璋統一了中國南方，就建都金陵，自稱皇

帝，國號叫明。後來稱為明太祖。他先改革了元朝胡人的服制，盡着唐宋時的式樣，於是漢族的衣冠制度，沉廢了九十年，至此纔恢復過來。又命了徐達、常遇春等分道出師北伐，攻打元朝，先克復了山東、河南各地，聲威浩大，一到常遇春的兵進了北通州，元朝的皇帝，就退回和林（今外蒙古庫倫）了，常遇春入了燕京，收取了府庫圖籍解送金陵，元朝自此滅亡了，於是改燕京叫北平；中國復行統一，盡歸明朝。明太祖自濠州起兵，祇有十多年工夫，就成功了這帝業。他做了天子後，親自去祭祀歷代帝王，獨對着漢高祖的神位說道：「自平民起來做天子的，自古以來，祇有我和君兩人哩。」

明太祖即位以後，立了他的兒子標做皇太子，後來皇太子死了，又立了標的兒子允炆做皇太孫。太祖做皇帝三十年纔死，死後，皇太孫即位，就是後人所稱的建文皇帝。這建文帝在位沒有幾年，就遇着燕王棣的禍事。

燕王棣是明太祖的第四個兒子，從前追攻元兵的時候，燕王棣很立過不少的戰功，所以太祖封他為燕王，鎮守燕京，擁有很盛的兵力，威勢着實

明太祖和陳友諒在鄱陽湖大戰

不小。自建文皇帝即位以來，諸王有些犯罪的削為庶人，燕王棣見了，心裏很不自安，而且還牽累到燕王的身上，於是燕王仗着自己的勢力，便起兵反叛，發兵向金陵進攻。建文帝的兵不能抵敵，被燕王破了金陵，建文帝從地道中逃出，當時都不知建文帝逃到那裏去了，後來纔有人在雲南貴州一帶，發現了建文帝做了和尚往來的足跡。建文帝逃走之後，就由燕王棣即皇帝位，後人稱為成祖。成祖因為燕京是他的舊地，便遷都燕京，改北平叫北京，稱金陵為南京。

十三　鄭和的七下西洋

　　明朝自成祖即位以後，天下太平，百姓安樂，真是國富兵強，為明朝的全盛時代。我們中國向來對於外族，抱着鄙視態度，以為中華是禮義之邦，自應高於一切，凡是歷朝的盛時，或是用兵，或是招降，務使外族向中國稱臣納貢，所以「胡越一家」的話，是很足以相誇耀的。但是唐宋以前所稱的外族，因為當時海道不通，還不能及於海外，不過是中國四境的附近各民族罷了。到了元朝，蒙古族的冒險性較大，而且海上的交通也漸漸發達，所以元朝的勢力，從亞洲西部，直到東部，還到了歐洲。因此中國的威名，便為世界各國所懾服。並且在元朝時，又有歐洲人來中國做過官吏，後來回國著書，詳敍中國的繁富景況，更惹起外國人的羨慕，口裏相傳，不免言過其實，甚至說中國為黃金世界，認為神聖的國家了。

但是我們中國對於外國的態度，素來是取柔服的手段，祇要外國能恭敬盡禮，稱臣進貢，中國不但加以官爵，還要重賞一些禮物，從沒有侵略的行為，或施以強暴的武力，非到外國頑強不服時，是決不用兵的。所以外國臣服中國，決不受到絲毫的損失，而且要得到許多利益。不像如今列強，一面以武力奪取弱國的土地，一面以經濟方法刮削弱小民族的金錢，非把弱國弄到國亡種滅的時候不止。以這種狠毒惡辣的手段，和我們中國古代的和平信義手段，兩相比較，真是天淵之隔了。現在的中國，已不能保持前代歷史的光榮，反要受列強種種的壓迫，亡國滅種之禍，就在目前，我們看了我國的歷史，能不自己慚愧嗎？能不力圖振興嗎？

　　明成祖的時候，是仍能保持着前代歷史的光榮，加之他又是個好大喜功的皇帝，便想誇示中國的富足，使得遠方外國都來傾心歸順。於是他便搜羅外交的人才，有的派到西域，有的派出海外，做出使大臣，宣揚中國的德意，誇耀中國的富強，遇着頑強不服的，就用武力征服。鄭和本是成祖做燕王時，王府中的一個宦官，成祖即位後，因為從軍

的功勞，就陞做太監，所以都稱他做三保太監。這鄭和生得品貌堂皇，才智機警，而且對於軍事，也很有經驗，很得成祖的喜歡，成祖便命了鄭和出使西洋各國。這時所稱的西洋，不是現在的歐美，不過是沿海的各地，以及印度洋和太平洋中的一些島國，如印度支那西亞諸國、南洋羣島等地罷了。

鄭和既奉命出使西洋，就先造了大船，身長四十四丈，寬有十八丈，共造了六十多艘，帶了將士三萬人，還帶了許多金銀幣帛，做賞賜用的。旌旗蔽天，刀光耀日，將士都是全身披掛，越顯得威風凜凜，乘坐大船，航海經過福建。再由福建的五虎門起航，豎起桅帆，向前航行，首先到了占城國，這占城國就在如今印度支那半島中安南的南部。又由占城到了南洋各國各島，再往西行，經歷印度波斯各海岸，直到非洲的東邊，所到的國家，有三十多國。在那南洋各島中，原來有很多中國人先在那裏經商或開墾的，人數日多，勢力也日大，一有中國人在島中做起國王來。鄭和所到的各國，有的畏懼中國的威勢，唯唯聽命的；有的貪圖中國的財帛，竭力趨奉的；也有懷着不良的心思，

要謀劫取中國使臣的財物的。這鄭和果然是個機警的人，他都應付得很妥當，凡是誠心歸順的，他就賞賜一些金帛；有那不懷好意的，他便取斷然的處置，用武力來嚴重的懲戒。所以凡是鄭和所到的地方，經他恩威並用，莫不個個傾心歸服，都把各地的珍奇寶物，貢獻給鄭和，於是三保太監的名譽，也遠播海外了。

鄭和第一次下西洋，費時兩年多，纔得回來。當他走到三佛齊國（在今南洋羣島中蘇門答臘島的東部），那國王陳祖義本是中國人，自佔據了三佛齊，因國小民窮，便在海中做那殺人越貨的勾當，一班商旅，很是叫苦。鄭和知道他的行為，便派了使者去勸諭，叫他投降歸順，不要幹那強盜事業。陳祖義滿口應允，還派人來歡迎鄭和。但是祖義心裏卻懷着惡意，想乘着鄭和沒有防備，發兵劫取，就派了兵士埋伏在半路等候着。鄭和是個如何機警的人，他既知道祖義的來歷，便時時防備着；他自受了祖義的歡迎，便帶了許多衛士，武備得異常嚴密，逕走向三佛齊國來。果然走到半路，遇着祖義的埋伏兵士突然衝出，鄭和不慌不忙，揮令衛士，

沉着應戰，把祖義的兵，打得大敗，還活捉了陳祖義，另選擇一個國中負名望的人來做國王。鄭和回到中國的時候，把陳祖義一併帶回，明成祖將祖義殺了。當鄭和回時，西洋各國的國王，都派了使者隨着鄭和，一同進入燕京，朝見中國皇帝，明成祖大為歡喜，除賞賜了西洋使者之外，又重重的賞賜了鄭和。

過了一年，明成祖又命鄭和下西洋。鄭和仍然帶了許多將士，乘坐大舟，向西洋進發，所經過的國家，聽得三保太監來了，國王帶了百官親出郊外迎接，鄭和仗着上國使者的威勢，好不光榮！便是走到錫蘭國（今印度洋中一大島），那國王名叫亞烈苦奈兒，又不懷好意，他外面做出歡迎的樣子，暗中卻預備了兵士，祇等鄭和自海舟登岸，走進了錫蘭國內，便發兵去劫取鄭和的海舟。鄭和登岸時，帶了兩千衛士，走進了錫蘭國，忽然聽得自己的海舟被劫，便逆料錫蘭的兵眾去劫取海舟，必然國內空虛，也不回兵求應，直向錫蘭進攻，指揮兩千衛士，奮勇前殺，竟把錫蘭的都城攻破了。活捉了亞烈苦奈兒和他的妻子。那劫舟的士兵，聽得國都被

攻，忙回兵救應，鄭和和他的守船將士前後夾擊，把那劫舟的兵士打得大敗，還活捉了許多。鄭和將那些俘虜，切實訓誡一番，又盡行釋放了。祇帶了亞烈苦奈兒和他的妻子回到中國來。明成祖以為是外國人，特別加恩，不加誅殺，仍然把他們釋放回國。從此西洋各國，憚服中國的兵威，又感激中國的恩義，遣使朝貢的益發多了。

鄭和回國後一年，明成祖又命他下西洋，他走到蘇門答臘（今南洋羣島中一大島），恰遇着國王的兒子名叫蘇幹剌，正想謀殺他的父親，自立為國王。鄭和知道了這事，便心裏痛恨，他賞賜金帛給國王和一班巨子，獨不賞給蘇幹剌。蘇幹剌便異常銜恨，就帶兵來攻殺鄭和；鄭和也率兵迎敵，大獲全勝，把蘇幹剌活捉了，登時就把他殺了。回朝之後，明成祖很是歡喜，重賞了一些將士。

後來滿剌加（在今馬來羣島中）等十九國，同派了使者，入中國朝見，明成祖很是歡喜，又派了鄭和隨着外國使者同下西洋，帶了許多金帛，賞賜各國的國王。

鄭和活捉了亞烈苦奈兒夫婦

三佛齊國後來為爪哇國（在南洋羣島中）[29] 所滅，改名舊港。舊港國王施濟孫，請中國給他宣慰使的官職，明成祖又命了鄭和捧了印信和詔命，去賜給舊港國。

鄭和前後下西洋，共有七次，西洋盡屬熱帶，所帶回一些珍品奇特，都是中國所沒見過的。所以很為當時的人所稱羨，談到三保太監下西洋，沒有不指為盛事的。

---

[29] 明成化六年（1470 年），三佛齊國為滿剌加國所滅，此處爪哇國有誤。

十四 　滿清的入關

　　滿清本是女真族，從前擾亂宋朝，入據中原
的金國，就是他們的祖先，自金國被元朝滅了之
後，這女真族仍舊散在黑龍江、吉林和遼寧的南部
一帶。明成祖時，把這女真族盡招降了，分做許多
衛，封官世襲，令他們約束部眾，聽候徵調。這
滿清的一部，是住在遼寧的南部鴨綠江北岸一帶，
明朝封為建州衛。在明朝強盛時，是很服從的；後
來明朝勢力衰弱，這建州衛的首領就叛變起來，併
吞各部，大敗明兵，奪取了遼陽和遼寧，自稱滿州
汗，後人尊為清太祖。後來他的兒子又降服蒙古、
朝鮮。自稱皇帝，國號叫清，後人稱為太宗，佔據
了長城以外的各地，時常進兵打明朝，大為明朝的
禍害。

　　這時明朝正值各處饑荒，盜賊四起，最大的
首領是李自成和張獻忠，各擁眾數十萬，到處殺人

放火。尤其以張獻忠最好殺人，他所經過的地方，真是積屍如山，血流成渠；他一天沒得人殺，就一天不快樂，甚至把他的親近人，也殺了做頑意兒。有一次，他整天沒有殺人，一時覺得心中異常煩悶，竟將他的一個最寵愛的姬妾，教人綁去殺了。後來他接連打了幾天仗，殺了無數的人，覺得異常痛快，一時興高采烈，便叫了左右去請他的愛妾出來，陪他飲酒作樂。左右答道：「你老的寵姬，已經你老傳令殺掉了。」他聽了很焦急，便責備左右的人怎不諫阻，着實痛罵了一頓。他這樣的喜怒無常，視人命如草菅，當時的人都把他當魔王看待，但是他喜愛殺人，也自有他的理由。他在四川時，立了一口石碑，親自在石碑上寫了一行字道：「天生萬物以養人，人無一物以報天，殺！殺！殺！殺！殺！殺！殺！」便稱這碑叫「七殺碑。」他這種理由，雖然很荒謬，然而他卻是不滿意當時的社會情形，沒有方法去解決，祇好用這殺人的勾當，來洩他的積忿呢。他所攻破的地方，不作長久的佔據，祇待明兵一來，又攻竄別處，成為流寇。中國各省被他蹂躪的有十多省，所殺的人數有幾百萬。

李自成自起兵以來，聲勢和張獻忠差不多，但是他比張獻忠的政事較清明，不作殘酷的屠殺，所以他很得人望，他所到的地方，有許多州郡望風降附的。他攻進了陝西，就在西安建立國都，自稱皇帝，國號大順。他一意想奪取明朝的天下，親自統兵四十萬，從禹門渡黃河，攻破了山西全境，直進到河北，北京也震動了。

明朝這時是懷宗皇帝⑳當國，自他即位以來，雖然振作精神，想把國事整理；但是他的一班臣下，雖然不是賣國奸臣，卻是誤國庸臣，所以懷宗的意志，終不能實現，弄得國事愈壞了。國內被盜賊鬧得殘破不堪，而且賊勢正熾，着着的逼近國都了。國外又有滿清雄踞關外，不時向關內進攻。內憂外患，重重逼迫，竟把明朝滅亡了。

當李自成兵攻進了河北，北京震動的時候，都中異常空虛，當時明朝的統兵將官，祇有吳三桂實力較大，又駐紮在山海關，防禦滿清去了。等到北京被李自成兵攻得緊急了，滿朝恐慌得很，懷宗便

---

⑳ 即崇禎帝朱由檢，「懷宗」為清廷所上廟號，後去除。

召了吳三桂帶兵回京，防衛國都。吳三桂正帶兵回朝，走到半路時，李自成已攻破北京了。

懷宗處在危急中，日望救兵不至，左右的人勸懷宗遷避到南方。懷宗說道：「國君當死國難，豈可逃走貪生嗎？」後來京城被李自成攻得緊急，眼見得就要破了，懷宗知道大事已去，很沉痛的說道：「我本不是亡國的君，無奈諸臣都是亡國之臣，誤了大事呢。」等到京城已破，懷宗很從容的把宮中佈置好了，使人置酒宮中，和他的妻妾周皇后袁貴妃同坐痛飲，說了一些慷慨訣別的話。飲酒畢後，袁貴妃離席先行，懷宗便拔出佩劍向袁貴妃的後面，一劍砍來，袁貴妃即倒斃地上，周皇后忙走到宮內自己縊死了，懷宗看了連說道：「好！好！」他的女兒坤儀公主在旁哭泣不止，懷宗含悲對他說道：「你怎麼生在我家呢？」又向他一劍砍來，坤儀公主用手去格，把一條手臂砍斷了，就暈倒地上。又令他的兒子去逃避民間，並且囑咐道：「你今日是皇太子，明日便是平民了，此後逃到民間，切不要露出皇家的形跡來。」於是懷宗和太監王承恩同走到後苑山亭中，懷宗在亭中自己縊死了，王承恩也自縊

懷宗拔劍向袁貴妃砍來

在懷宗的旁邊。

李自成入了北京，知道吳三桂也快要帶兵入京了，便派人去招降，又把吳三桂的父親和全家都收監了，做招降的要挾品。吳三桂本奉懷宗的命，入京援救，走到半路，得着北京攻陷的消息，但頓兵不進。恰遇着李自成的使者來了，勸他投降；當時吳三桂以明朝既經滅亡，便允許了使者，相約歸降。有人對吳三桂說道：「你的家產盡被李自成抄沒，你怎麼投降於他呢？」吳三桂說道：「我降了之後，必然要把家產發還給我咧。」那人又道：「你的父親受了李自成的威逼，你怎麼反顏事仇呢？」吳三桂說道：「我降了之後，必要把父親恢復自由咧。」那人又說道：「你最寵愛的姬妾陳圓圓，也被賊擄去了，又怎麼辦呢？」吳三桂聽到這裏，便切齒的說道：「那老賊實在可恨，我誓不和他兩立。」於是吳三桂決計進攻北京，又以自己的兵力不足，便走向滿清借兵入關。這時滿清的皇帝年幼，由攝政王多爾衮代理政事。多爾衮乘着這好機會，就親自統率大兵，和吳三桂一同入關。

吳三桂隨了清兵入關，把李自成打得大敗，又

把北京攻破了；李自成敗歸陝西；吳三桂又帶了清兵追至陝西；李自成棄了西安，走入湖北，所帶的兵士，大隊在前，祇有數十騎隨着，鄉兵知道了，就一齊圍着，把李自成一頓亂刀殺死了。

多爾袞入了北京，就奉了清帝入關即皇帝位，就是所稱的順治皇帝。於是滿人統治中國，下令全國盡照滿族的習俗，薙髮結辮，着滿族的衣冠。這個號令一下，漢族人很是痛心，不肯遵行。滿清雷厲風行，不肯薙髮的，就要處以砍頭的罪，因此漢族人無論是做過明朝的官的，或是老百姓，為着不肯薙髮，被殺了許多，甚至全家都因此被殺的。

這時滿清祇統治了中國北方，中國南方還是明朝的勢力，因為自懷宗殉國以後，懷宗的兄弟福王逃避在江淮一帶，明朝的臣子史可法、馬士英等，就奉了福王在南京即皇帝位，派人去和清朝講和，相約南北分治；清朝不答應，還要派兵來打。明朝就派了史可法督師揚州、防禦清兵。清兵乘着勝勢，進攻揚州，史可法打得大敗，被亂兵殺死了。清兵攻破了揚州以後，因為漢族人不肯薙髮，捨死反抗，就想藉此立威，鎮壓漢族的反抗，命了兵士

把揚州的百姓，大肆屠殺，姦淫婦女，擄掠錢財，無所不至，一連殺了十日，清將才下令封刀，共計殺死了八十多萬，其餘自己落井投河懸樑自縊的，還不在其內，這一場惡殺，漢族就嚇得膽寒了。清兵又攻破了嘉定，也是一樣的屠殺，嘉定的百姓，所剩無幾，所以揚州的十日，嘉定的屠城，至今還是漢族的一頁傷心史呢。清兵又乘勝攻破南京，把福王捉了。

明朝的臣子又奉了桂王（懷宗的兄弟）在廣東、福建一帶，即皇帝位。清朝派了降將吳三桂去平定。吳三桂把桂王打敗了，桂王逃至雲南，吳三桂追至雲南^㉛，把桂王捉獲殺了。於是明朝滅亡，中國南北一統，盡歸滿族人的統治了。

㉛ 桂王朱由榔應是逃往緬甸，後被吳三桂捉回，於昆明被殺。

十五　鄭成功據守臺灣

　　滿清統一了中國，把明朝宗室在南方稱帝的都滅掉了，明朝的臣子，有的被殺，有的投降，盡屈服在滿清淫威之下，絲毫動彈不得。祇有鄭成功佔據了臺灣海島，仍保持着漢族的衣冠，沿用明朝的年號，和清朝對抗了幾十年之久，清朝不敢難為他。他傳位於他的兒子，再傳於他的孫子，直到清朝康熙年間，才被清朝滅掉。這鄭成功在國破家亡之後，獨自掙扎，建立海國，到底不做亡國奴，他的志向，真值得後人萬分崇拜呢！

　　鄭成功的父親是鄭芝龍。芝龍原住在福建泉州的東石地方，正當着海濱。有同鄉人李習，是一個往來日本的商人；芝龍和李習很好，便幫助李習經營商業，後來李習死在日本，所遺下的貲本有萬金，盡被芝龍乾沒了。芝龍得了這大宗資本，便召集一些無賴子弟，造了許多兵器和海舟，在海中做

那劫掠商旅的勾當，因此劫掠的錢財不少，人數就愈多，勢力也愈大了。芝龍做了海盜的首領，不勞而獲，他的部下每年所貢獻的，真是盈千累萬，他自己很逍遙自在，常乘着海舟往來於日本中國之間。他在日本因來往得很密，就和長崎的一個王族女兒發生戀愛，後來竟和這日本女兒結婚，鄭成功就是日本女兒所生的。

這時正當明朝懷宗的時候，福建巡撫沈猷龍因海盜猖獗，不易勦滅，就派人去招安鄭芝龍。於是鄭芝龍受了明朝的招撫，就帶了妻子回到東石地方，建築第宅，縱橫數里，成為八閩的富家翁了。他的海上勢力，仍然保全，劫掠商旅的事，尚是不免，不過不敢和朝廷公然對敵罷了。這時的海賊，還有南安地方的荀憨，惠安地方劉香老，都很強盛，不肯受明朝的招撫，朝廷命了鄭芝龍去討伐他們。芝龍帶兵和劉香老大戰於五虎門外，劉香老打得大敗，溺海而死，芝龍把南安和惠安的海賊，都兼併了，於是芝龍的威勢，伸張到全閩了。到了懷宗殉國以後，福王在南京稱帝，嘉獎明朝的舊臣，封芝龍為南安伯，等到桂王在閩粵一帶稱帝，是靠

着芝龍做保護，又晉封平國公。後來清兵破了福州，派人勸芝龍投降，芝龍允許降服。這時鄭成功年已二十歲，聽得父親要歸降清朝，便痛哭諫阻，芝龍不聽，獨自單騎向清營中投降去了。鄭成功和一些部下，以為芝龍既經投降，縱令清兵來了，決不至於騷擾，便不作嚴密防禦的準備。不料清兵一到，姦淫擄殺，無所不至，成功的母親也被清兵強姦了，自己羞憤自縊而死。成功大為痛恨，便移兵於海中的南澳島上，誓死恢復明室，反抗清朝，各方的勤王義兵，便相繼而來，成功又在廈門設演武場，檢閱兵士，因此軍威大振。還派人去朝見桂王（在廣西肇慶稱帝），桂王封成功為延平王。

鄭成功佔了南澳、廈門，招集義兵以來，軍威大振，便出兵攻破了漳浦、平和、詔安、南靖等縣，又擁大兵南下，恢復了潮州各縣。清朝聽得成功的勢焰，大為恐怖，派人與成功講和，割讓漳、泉、惠、潮四州的地方，以成功的兵士盡薙髮歸順為條件。成功不聽，還痛罵了使者一頓。又發了水陸兵士，分道齊出，攻破了漳州、泉州，成功以為南方漸有了根據地，便預備北伐，進到長江流域，

以便號召中國的義兵，共同起來，恢復明室，於是改廈門叫做思明州，以表示他擁護明朝的意思。

　　鄭成功把水陸軍都整理得齊全，就親自領軍北伐，接連戰勝清兵，由海道入江，沿江而上，直抵瓜州城下，清兵出城抵敵，成功兵奮勇進攻，把瓜州攻破了。成功隨即渡江，乘勝又攻破了鎮江。於是軍威遠播，沿江州郡，大為震動，蕪湖首先向成功歸附，接着不戰而服的有幾十縣。成功的兵，得着這樣大勝，不免有些驕傲，帶着輕視敵人的心思，對於軍事的警戒，也就疏忽起來，兵士們大半四出採樵去了，營壘便成為空的，那清朝的將官，見着成功來勢兇勇，早已嚇得心驚膽寒，馬上調集援兵，謀作堅固的防守：如今探聽了成功的兵，似乎有懈可乘，便把所有的兵，盡調集起來，做一個猛撲。於是清兵一齊出戰，好似山崩水湧一般；成功的兵，那裏防禦得及，就被清兵打得大敗，成功乘坐戰艦，沿江下流入海，這時閩粵和地，自成功這次敗後，也盡被清兵攻破了；成功便謀入據廈門，作自己的根據地。但是廈門地勢單弱，糧餉不足，不是持久之地，所以成功住在舟中很為了這事

費躊躇呢。他的左右說道:「臺灣是君家的舊地,而且土地富足,君若是取了臺灣,就不愁沒有餉糈了。」成功聽了,很是歡喜,就帶了兵艦數百艘,向臺灣進發。

原來臺灣在明朝時候,還是一個荒涼的海島,島中所住的人民是紅夷族,人數不多,並且不十分開化,島中有許多肥饒的土地,不知道開墾,盡成了荒廢之地。當崇禎(明懷宗的年號)年間,福建遭了旱災,大鬧饑荒,鄭芝龍為要救濟這饑荒,便拿出私人的錢財,搜集饑民數萬,每人給銀三兩,三人給牛一頭,用海船運送到臺灣,使他們去開墾荒土。從此臺灣開發了許多良田,收穫豐富,但是每年給納租於鄭氏。後來島上的酋長紅夷族不答應,要爭回這土地的管理權,於是鄭氏所收的租稅,就被紅夷[32]奪取去了。

臺灣的地勢,極為險峻,澎湖是臺灣的門戶,地勢低下,外來的海舟,一到此地,便不能行了,必要換過輕舟,纔能到達臺灣。鄭成功乘着海艦向

---

[32] 即荷蘭殖民者。

鄭成功攻取臺灣

臺灣進發，正得着天助，恰遇海水大漲，澎湖水滿，一直乘着海艦穿過澎湖，逕到了臺灣城下。臺灣城裏的紅夷閉城堅守，那城築得十分堅固，任是火藥槍礮也不能攻破，成功攻了許久，心裏正在焦灼起來。忽有臺灣的福建僑民向成功獻計說道：「臺灣城中沒有井泉，要靠着城外高山的泉水，流入城中，供給飲料。若是據了高山，塞住水源，臺灣必要自請投降了。」成功聽了大喜，即刻命人佔據高山，阻塞水源，不到三天，果然紅夷自請歸降。於是成功入據臺灣，自稱國王。這時明朝已經滅亡，中國全部盡歸滿清統治了，祇有成功據守這海島之上，還保持着漢族的衣冠，奉行明朝的年號，清朝幾次派人招降，成功不受。後來成功病死，他的兒子錦[33]繼位，仍然保持成功的態度，和清朝對抗。等到鄭錦死了，錦的兒子克塽繼位，年纔十二歲，國王能力薄弱，部下自相擾亂，清朝康熙帝發兵進攻臺灣，臺灣部眾，自己崩潰，不能抵敵，就降服了清朝。

---

[33] 鄭成功長子，又名經。

十六　太平天國

　　清朝自統治了中國以後，防着漢族的反抗，常用了強暴的武力和殘酷的手段來鎮壓漢族，漢備[34]人民在它的淫威之下，祇是敢怒而不敢言。後來清朝的政治更加腐敗，一方面是貪官污吏盡情的剝削人民，鬧得民不聊生；他方面是海禁初開，列強向中國施用侵略手腕。因此清朝國勢便漸漸衰弱起來，尤其是鴉片戰爭，被英國戰敗之後，失地賠款，醜態百出，更引起人民不信任政府的惡感。於是革命的潮流，便在人民的腦海中，一天天激動起來，結果，就成功了太平天國的革命運動。

　　那時有個廣東花縣人，名叫洪秀全，他生性聰明，讀書過目不忘，最好研究歷史，古人的成敗興亡，他胸中都一目瞭然，見了當時清朝政治的溷亂，

----

[34]「漢備」當為「漢族」之誤。

官吏的貪殘，和人民的困苦，便懷着革命的大志。後來恰好遇着明朝的後裔朱九疇倡上帝會，而暗中卻以恢復明室為職志，秀全很佩服這種革命的方式，就邀了同縣的馮雲山，投拜九疇為師，想藉此糾合同志以造成他們的事業。不久，朱九疇死了，秀全被大家的擁戴推為教主。這時他們的革命行動，漸漸的露起來，清朝的官吏就要捕捉他們，秀全看得風色不好，同時因為入了耶穌教的人，官府不能治理，他便逃到香港，請英國牧師郭笠士[35]給他施洗，從此做了耶穌教徒，借外國人的保護，官府便再不敢捕拿他了。

後來郭笠士看了秀全熱心奉教，就派他到廣西桂平縣去做傳教士，他得了這個好機會，便和當地的豪傑楊秀清、石達開、蕭朝貴、韋昌輝等，互相勾結起來。恰好地方起了匪亂，他們便創立保良攻匪會，意圖藉這名義，練些民兵，以為將來顛覆清朝的基本軍隊；但是秀全恐怕自己的威信，還不足以號召群眾，就想出一個最神奇的方法，去取得大

---

[35] 當為「郭士立」之誤。郭士立（Karl Friedlich Gutzlaff），普魯士人，路德會牧師。

眾的信仰，忽然假裝暴病死去，睡了七天七夜，醒來對人說道：「我並不是死了，是上帝召我說話。」人家問：「上帝向你說些甚麼？」他答道：「上帝說：不久便有大劫降臨，你們若不信奉耶和華——上帝，便都要死亡！」又說：「上帝的大兒子叫做耶穌，我便是上帝的次子，你們祇要聽從我的話，便可以保你們不死，」人們看着他有這樣神奇的本領，就風起雲湧的加入教會，而且都死心踏地聽他的指揮。他既然得着大眾的信仰，那保良攻匪會便天天的擴大，招軍買馬，積草囤糧，勢力着實不小。因此惹起官府的注目，被桂平縣官用一種欺騙手段，將秀全捕捉了，也是秀全合當不死，遇着廣西的巡撫鄭祖琛，是個信佛的人，以為人命重大，不願窮治株連，便把秀全釋放了。

秀全自經官府釋放回來，便召集他的舊部，在桂平縣的金田村起事，揭起義旗，反抗清朝，於是楊秀清、石達開、韋昌輝等，也都起兵，會合於金田村，和官軍相拒，清朝派了廣西提督向榮，領兵進勦，秀全帶了義兵對敵，大戰清軍於金田，把清軍打得大敗，清軍的副將伊克坦布也被秀全殺了。

秀全乘着勝勢，接連戰敗清軍，得着不少地方。一直攻破永安。就建號為太平天國，自稱天王，叫兵士和人民，都蓄漢頭髮，改着漢族的衣冠，同時並封楊秀清為東王，蕭朝貴為西王，馮雲山為南王，韋昌輝為北王，石達開為翼王。

於是清廷震恐，派了大兵數十營圍攻永安，這是清朝竭盡全力，而太平軍又屬草創的時候，着實被清軍圍得緊急。太平軍沒有辦法，祇得從永安城殺出一條血路，向北走到陽朔，清兵還是窮追不捨，天王把部隊集合，和清軍決一死戰，果然把清軍打得大敗，太平軍便一直進攻桂林，桂林的清將，閉城死守，太平軍圍了月餘，不能攻破，便解圍北上，走入湖南。這時湘江水漲，天王率了舟師，沿江東下 ㊱，想一直進攻長沙。清將江忠源帶兵扼守湘江的蓑衣渡，這渡很狹，兩岸的林木又盛，忠源多張一些旗幟，設為疑兵；太平軍望着兵勢太盛，先自心慌起來；忠源迎頭痛擊，太平軍便被清兵打得大敗，南王馮雲山中礮死了，天王棄了輜重，登岸陸行，逃到永州。隨即集合

㊱ 湘江在湖南境內，自南向北流，此處應為「北上」。

太平天國軍沿着大江東下

兵士，攻破了道州、衡州、桂陽、郴州，於是太平天國的軍威，才又振興起來。

天王統兵駐在郴州仍然要圖攻長沙，便派了西王蕭朝貴帶着輕兵，去襲攻長沙，長沙沒有攻破，西王反中礮死了。天王聽得西王陣亡，就興起大兵向長沙進攻，把長沙城圍得水洩不通，鑿了地道，用地雷去炸裂城牆，清軍死力拒守，城被炸缺，隨即又補好了。天王攻了許久，不能攻破，便棄了長沙，出洞庭，下岳州，得着清兵防江的兵艦幾千艘，水陸並進，攻破了漢陽、武昌。於是太平天國的軍威大震，人數達五十萬，兵艦有幾萬艘，又沿着大江東下，帆檣蔽江，陸軍夾着兩岸行走，就破了安慶，進圍金陵，環着金陵城築起堡壘，水陸軍號百萬，盡夜攻城，不到月餘，竟把那龍蟠虎踞的金陵城攻破了，清朝江南總督[37]陸建瀛也捉來殺了。

天王既破了金陵，就改金陵為天京，毀總督署為王宮，定出許多新的政治，男女平等，女子可以與考試，設有女官，宗教祇許信仰上帝，其餘僧

㊲　當為兩江總督。

尼道士，概予禁止。他的政治，以現在的眼光看，固然有不好處；然而比較當時的清朝，着實進步得多。但是天王自建都金陵以後，大修宮殿，宮中自后妃以下，侍妾多至數十人，脫不了古代帝王的惡習。天王日居深宮，臣下很難見面，一切國事，盡由東王楊秀清處理，因此惹起自相殘殺的禍亂，而太平天國的末運，就隨着到了。

楊秀清是一個德行最壞，野心極大的人，他自獨攬大權以來，窮奢極侈，而且生性驕傲，對待同僚，一無禮節，所以朝中大臣如石達開、韋昌輝等，便和他結下深深的惡感。他還以為自己的功勞很大，勾結黨羽，陰謀自立為天王。洪天王見了秀清的陰謀，深自恐懼，便嚙破自己的手指，寫了一封血詔，召北王韋昌輝入京。北王韋昌輝入京。北王奉了這命，就率精卒五百趕來，夜間走到城下，守城的衛士阻住說道：「沒有東王的令箭，不許開城。」北王怒道：「我奉了東王的密令，星夜趕來，你們若要阻我，難道我不能殺你們嗎？」衛士恐懼，祇得放他入城。他便衝入東王府，口裏說道：「奉詔討賊，順從我的無罪。」府中衛士不敢戰鬥，他一

直迫進秀清的臥內，秀清蜷縮伏在水閣下的下面，昌輝把秀清捉了，下在獄中，還把秀清的全家都誅殺了。洪天王聽得這番變亂，嚇得緊閉宮門。韋昌輝從東王府出來，便扣開宮門，稱說道：「已捕獲了反賊，請天王的旨意。」天王聽得秀清全家被殺，以為昌輝太專橫了，便想赦免秀清的罪。昌輝大怒，自己命人把秀清殺了，還殺了秀清許多的同黨。

這時石達開領兵在湖北，聽得出了亂子，馬上趕回天京，對於韋昌輝的橫暴，着實當面責備了一番。昌輝大怒，就要把達開一併謀殺。達開知道了，忙趁着夜間用繩縋出城外，走到寧國。昌輝沒有殺得達開，便把達開的老母和妻，子女，都一概殺了。天王見了昌輝的橫蠻，大為恐懼，便約了秀清的餘黨，同攻北王府，昌輝逃走，渡過了江，被巡邏的人捉了。解送天京，把昌輝殺了，也一併殺了昌輝的全家。

天王把昌輝的頭，送到寧國，並召了石達開回京。石達開回到天京，一些朝臣都薦達開繼續楊秀清的位置，輔佐朝政。但是天王自殺了楊韋以後，對於石達開也異常疑忌。達開心裏懷着不安，深自危懼，便出京走安徽，以後再沒入過天京了。從此

同起事的諸王，相繼盡了，於是又封陳玉成為英王，李秀成為忠王，共封了九十多個。軍事由忠王負責，內政就由天王的兄弟安王洪仁發和福王洪仁達二人掌管；但是這二洪性都貪險，狼狽為奸，太平天國的國事，就不堪問了。

清朝命了曾國藩在湖南倡辦團練，因此起了湘軍，收復了武漢，攻下了安慶，還有清將李鴻章圖攻淞滬，左宗棠進攻衢州，太平天國的四方八面，着着吃緊，祇虧了忠王李秀成東奔西殺，撐持這危難的局面，卻也疲於奔命。後來清將曾國荃攻陷蕪湖，進圍金陵，圍攻三年之久，城中糧絕食盡，李秀成勸天王出外就食。天王不肯，對人說道：「我自金田起義，做了十三年天王；祇今兵敗勢窮，股肱喪盡，即令走出天京，又到何處安身呢？我已決定和此城共生死了。」後來清兵攻城日急，天王看到大事已去，慷慨向左右說道：「古來豈有被俘囚的帝王麼？我是寧肯自盡，決不受滿奴的侮辱的。」於是他就服毒死了。天王死後，臣下奉了天王的兒子福瑱即天王位，不久，清將曾國荃攻破了天京，福瑱逃到江西，又被清軍捉着殺了，太平天國的命運，便從此告終。

（十七） 鴉片戰爭

中國的對外政策，自元明以來，都能保持着歷史的光榮。一到了清朝，海上的交通日繁，和外國的交接也日多了；而且西洋諸國的社會情狀，又從封建貴族制度，變而為資本帝國主義，它們的侵略弱小國家，除掉武力侵略之外，又加上一種殺人不見血的經濟侵略。所以對於東方一塊地大物博的中國，列強沒有不想插進它們的勢力；但是當清朝初年的時候，好似紙糊的紗窗，內容還沒被人窺破，外國人到中國來，須得中國的允許，還要受各種限制，中國不失為一個完全主權的國家。

本來外國人來中國經商的，是開始於葡萄牙國，在明朝時便租借了澳門為通商地，每年納地租二萬金。後來英國和葡萄牙爭東洋海上的權利，葡萄牙敵不住英國，便承認英國也有出入澳門的利

權。英國人威代爾率艦隊到澳門，明朝不許登岸，英艦便衝至虎門，和守兵就起了戰釁，攻陷了礟臺，明朝的官吏大驚，允許英人在廣東河口通商，方纔了事。明亡之後，鄭氏據臺灣，英國又和鄭氏交涉，復得允許在臺灣的安平和福建的廈門兩處通商。到清朝康熙年間，英人請在廈門建立商館，清朝不答應，乾隆時，英國派了使者來中國，請求改良通商章程，要求減稅和自由傳教，並請設立商館於北京，這時適逢清高宗皇帝的八旬萬壽，特別破格優待外人，允許英國使者以見本國國王的禮謁見，而對於英國所請求的，盡行駁斥不准。嘉慶時英國又派了使者來北京，用重金賄通朝中大臣，再行提出前次的請求，而清廷認為是朝貢的使者，便完全不把他看在眼裏，居然襲用天朝對待夷狄的辦法，叫他跪跪拜拜進宮朝見，英使不明白中國的儀節，因為必須覲見皇帝，祇得曲從，及至進了太和殿，不獨沒見着皇帝，而且一班臣下，還叫他向皇帝的虛座磕頭，於是英使以為侮辱了他們的國格，便怒沖沖的退出朝門，所請求的既不得要領，就快

快的回國了。道光時，廣州灣^㊳所停泊的英艦，被廣東民眾攻擊，頗有損傷，清朝官吏袒護廣東民眾，不問罪，並且嚴徵關稅，禁止英國女子登岸，英人沒有辦法，祇得退出澳門。

據上文的事實看來，清朝初年時，內容沒有揭破，外國人還存着畏懼中國的心理；而清廷一味自尊自大，不懂得外交手腕，並且政治日益腐敗，實力日趨衰弱，等到和英人鴉片戰爭一開，大遭失敗，從此內容揭破，召了各個帝國主義一齊進攻之禍。繼續鴉片戰爭的，一有英法聯軍，中日戰爭，庚子聯軍，中國盡受了大大的挫敗，不獨失地賠款，而且侵犯到國內的政治，逼着清朝承認關稅協定權，領事裁判權，租界管理權，把中國弄到次殖民地的地位，到九一八，更有日本倭奴仗着橫強，祇用一天^㊴的工夫，趕走張學良幾十萬大兵，佔據我國東三省幾萬方里的土地。我們看了這部痛心史，一面追溯起源的鴉片戰爭，痛恨清朝的政治腐敗。

㊳　今廣東湛江。

㊴　1931 年 9 月 18 日「九·一八」事變爆發，至 1932 年 2
　　月，東北全境淪陷。

傳下了這瀰天大禍；一面要責備民國成立以後的國民，太負不起國民的責任，若再不奮發圖強，那就除做亡國奴外，沒有第二條路走了。

話又仍說到鴉片戰爭來，原來英人自代理葡萄牙握着東洋的貿易權後，在印度廣種鴉片，銷到中國來，一面國人也嗜好它，因之鴉片的銷路日就暢旺，實在有驚人的數量。據廣東一省的統計，一年中英商輸出的銀數在幾千萬兩。清廷因感覺銀貨的日缺，恐怕有危及國家的要本，纔知道鴉片的害處，始議禁止鴉片，立法很嚴，「有家藏煙具者死」的條文。後來林則徐做兩廣總督，見了鴉片的盛行，就大為恐懼，以為鴉片的禍害，不獨國家金錢外溢，而且是亡國滅種的禍根。他奏報清帝的大意說：「鴉片不禁，必至國家日貧，人民日弱，過了幾十年後，國家將沒有可籌的餉，並且沒有可用的兵了。」清帝聽了這種沉痛的議論，也自醒悟，就命了林則徐為欽差大臣，查辦廣東海港事宜。

林則徐到了廣東，就雷屬風行，先行把在英商館出入，販賣鴉片的華商數人捕捉了，殺在英商館前示威；又通知英商館，限令三日內將鴉片全數

交出；英商館置之不理，林則徐派了吏卒百人，用武力勒令英商交出鴉片，英商不得已，交出鴉片千三百餘箱，則徐知道還藏匿了很多，說英商違抗命令，盡把英國領事以下的人捕捉了，下在獄中，又禁止人民供給商館的食物，並奪去英人的船舶，絕他們的歸路。英人大困，沒有辦法，於是交出鴉片兩萬多箱，並向則徐謝罪。則徐把英人盡釋放了，又將英商交出的鴉片盡行焚燒。英人被放出來後，都怏怏的回國，各國的商人也跟着回國，外國人在廣東的商務，因這鴉片事件，一時竟衰落了。

從此清朝禁煙，更其嚴厲，有違背的，實行處以死刑；各國的商船，都要到清政府填具「夾帶鴉片都沒官正法」的切結。祇有英國領事義律，不肯承認，要請林則徐派員到澳門去會議。林則徐不准義律的請求，又令人民斷絕英商的食物。英人又處在危困中，義律祇得請示英國的政府。英國政府因為受了清朝歷來的積憤，便不顧一切，很帶着幾分冒險性，命了印度總督派軍艦至澳門。林則徐聽得這個消息，便大修軍備，嚴密佈防，等得英艦一到澳門；林則徐揮令兵士實行攻擊，焚燒英艦二艘，

英兵抵敵不住，祇得棄了澳門，轉攻廈門，乘着不備，又把定海攻陷了。

這時清朝的官吏，聽到和外國開了戰禍，個個嚇得手足無措，都歸咎林則徐處理不當，肇生禍端。英兵見了清朝發生恐慌，就大膽起來，把軍艦直開到天津，向直隸總督琦善提出很苛刻的條件。清廷不但不加以駁斥，而且令英兵還廣東聽候辦理，隨即把林則徐的兩廣總督職罷免了，令琦善代理。琦善一到廣東，盡把從前林則徐的戰備撤去，以表示和英人親善，並且允許賠償英國的煙費七百萬元。英國領事義律見了琦善這般庸懦可欺，便進一步的要求中國割讓香港給英國，馬上率了兵艦攻陷虎門外的兩個礮臺，做強制的要挾。琦善着了慌，便允許割讓香港，開放廣州，和英領事訂立草約，英國纔把虎門外的礮臺繳還了。

清帝聽得英兵攻陷虎門，琦善許割香港，便大為發怒，命將軍奕山率兵一萬一千，尚書隆文率豫黔桂贛各省兵兩萬，提督楊芳率滿洲湖南兵一萬，齊赴廣東進討，並且革除琦善的官職。英兵知道這消息，乘着大兵未到，先把橫當虎門的各礮臺，盡

攻陷了，隨着英國印度的海陸軍，又開到廣東，把珠江的要塞，都一齊佔據。等得清朝的大兵開來，已沒有辦法，英兵扼着險要，又進攻清軍的兵艦，燒燬幾百艘，一直進攻到廣州的城下，廣州城外已經起火，城內的秩序也紊亂了。奕山便向英兵求和，訂休戰條約，允賠償英國軍費六百萬元，六日內交清，英兵纔退出廣州。奕山把兵敗的事遮掩，祇說和英國講和，報告清帝。清帝還論林則徐開釁的罪，罰林則徐遣發到伊犁。

英國騙得了奕山六百萬後，又和奕山開談判，以為從前的休戰條約是暫時的，若要是永久的休戰，須中國承認英國所提各種條件，並割讓香港。奕山以不得清帝的允許回答。於是英兵又攻陷廈門和舟山列島，還攻破了鎮海和寧波，欽差大臣裕謙投水死了，百姓死幾千人。清朝又派大臣奕經調兵數兵萬，開赴浙江援救，盡被英兵打敗，英兵又攻破了乍浦，進攻到上海，提督陳化成率兵抵禦，擊沉英國兵艦二艘，忽然一顆炮彈飛來，把陳化成打死，清軍遂亂，上海又被英兵攻破了。於是英艦共計七十三艘，沿着長江而上，陷了鎮江，進攻南

京。清廷恐慌到萬分，命耆英、伊里布、牛鑑為講和全權大臣，向英兵求和。就在南京和英國領事璞鼎查訂立條約，就是所稱的《江寧條約》。中國自訂立了這次辱國條件，就成了刀俎上的魚肉，任列強宰割了。現在把這條約的大意，寫在下面：

一　賠軍費一千二百萬元，償燒鴉片費六百萬元，償還商欠債務三百萬元。

二　割香港全島永遠與英。

三　開廣州、福州、廈門、寧波、上海五口通商。

四　以後兩國往來用平等款式。

看了上面的條約，除失地賠款以外，對於原來的禁煙問題，一字不提，後來鴉片的輸入，日益加多，以致鴉片的流毒，到現在還沒絕滅。

（十八）　拳禍

　　清朝自鴉片戰爭以後，接着是英法聯軍，中日戰爭，着着失敗，受了外人的壓迫，承認割讓土地，租借商埠，還允許外人在中國採掘礦山，修筑鐵路，從此外國人的勢力，在中國大肆活動。一般人民因為激於愛國思想，就不免懷着嫉惡外人的心理。

　　還有外人得在中國自由傳教的允許，於是中國內地遍佈了外國的傳教士。教士們乘着中國國權衰弱，凡關於教徒和平民的爭訟，不論教徒理由的曲直，都加以極端的援助。而中國官吏又懼怕外國的強權，見了外國教士，莫不唯唯聽命。所以教徒和平民的爭訟，中國官吏也要袒護教徒的。因此地方的土豪劣紳都投入教會裏，做護身符，以欺壓平民。平民和教徒就成了兩個壁壘，各地民眾，對於教士和教會，莫不痛恨到了極點。

這時朝廷中分為二派，德宗皇帝 [40] 因為要圖發憤自強，引用了康有為、梁啓超等，力謀革新政治，就是新派。清朝的皇族諸王公們擁護孝欽太后 [41]，主張維持原狀，就是舊派。新舊兩派的競爭，日益激烈，仇恨也愈深了。後來孝欽太后竟致大殺新派，康梁逃走海外，把德宗皇帝幽居在南海。還要把德宗廢掉，另立皇帝；但是這廢帝的舉動，不獨有清朝大臣抗議力爭，而且各國公使都出來反對。因此孝欽太后不敢行廢立的事，但暗裏卻痛恨外人干涉中國的內政，她的排外心思，就為舊派人一致的政策了。

排外的心思，是當時中國人所同具的，不過新派的排外，是有方法的，要改良政治，力圖自強，自己立於不敗的地位；然而新派是失敗了。至於朝中當權的舊派，和一般羣眾，以及鄉村的農民，都有很激烈的排外思想，但是都沒有方法，祇是一味橫蠻的排斥罷了。他們的思想雖同，出發點卻各自不同；前者——舊派——是為着妨害自己的利益；

40　即光緒皇帝，其廟號「德宗」。
41　即慈禧太后。

後者——羣眾和農民——是激發於愛國的思想和親自受了外人的壓迫而起的。

但是因為目的相同，容易結合，就鬧出「拳禍」來，使中國更陷於萬劫不復的地位。

拳禍的起源，是起自義和團，為白蓮教的一種，自言焚符誦咒，可以避得槍彈。團中的首領是張德成和曹福田，都是直隸的無業遊民。他們仗着教中的神話，去欺騙民眾，得到普遍的信仰。德成在天津青海縣時，見着一班少年在練習拳術，他看了冷笑幾聲，少年便去問他的緣故，他回說道：「你們練習的不是神拳，請看我的神拳罷！」就取了一枝秫稭，把黃紙包裹放在地上。對大眾說道：「誰能拾起這秫稭嗎？」就有許多壯士同去抬起這枝秫稭，連動也不能動。於是羣眾驚服，稱為神師，設壇傳教，遠近的青年，都來學習。福田初到天津時，走到土城樓上，問人道：「何是外國人的租界？」路人便指着東南方。他就伏在地上，向東南方連連的磕頭。許久方纔起來，對人說道：「租界中的洋樓。已經被火焚燬了。」那時觀眾漸多，望着東南方上果然火起，就稱為神人，等他走到城內，商民都跪

着迎接。他們既得到民眾的信仰，歸附的愈多，就豎起「扶清滅洋」的旗幟，以謀得到官廳的保障。他們探得山東巡撫毓賢崇信拳教，憎惡洋人，就率了黨羽，走到山東。果然大得毓賢的獎賞。於是山東時有焚燒教堂，殺害教士的事發生，毓賢加以袒護，拳眾愈橫蠻不可制了。後來清廷因受了外國公使的責備，纔把毓賢召回，以袁世凱代理山東巡撫。

袁世凱是個比較有知識的人，一到山東，便極力調和民教，派隊捕捉拳黨，殺了幾個頭目，不到幾個月，拳黨的勢大衰，山東境內不能容了。於是拳黨又竄回直隸，直隸總督裕祿不加禁止，大為崇信，拳黨的勢焰，又伸張起來，京津一帶，拳廠壇場，隨處皆有。裕祿還將張德成、曹福田的名目，入奏皇太后，稱為義勇，可備國用。皇太后很是歡喜，召了曹福田入京朝見，稱為大師兄，賞銀二千兩，從此朝中親貴，都爭相信奉拳教，設壇建醮，香煙滿城，京中的拳黨數萬，來來往往，好像蝗蟲一般，大局就不可收拾了。

義和團既經得勢，拳眾便異常猖獗，在京焚殺教民，沒有人敢過問。祇有直隸提督聶士成，不附和

義和團，率兵勦殺拳黨四百餘人，端王載漪大怒，把聶士成調往蘆臺。於是京中有兵權的，都屬拳黨了，勢焰更盛，恰有日本書記杉山彬，從永定門出。拳黨遮在路中把杉山彬殺了。同時焚燒右安門一帶教民所住的房屋，教民無論老幼男女都盡殺了；又焚燬了順治門的教堂，北京城內真個是鬧得殺氣沖天，烏煙障地，正陽門外的商場是最繁盛的，拳黨也放起火來，燒了四千多家，幾百年的精華盡被燒燬了。

端王載漪倡議圍攻各國公使館，盡殺外國使臣，朝中大臣明白事體的如徐用、儀立山等，都力爭不宜開釁，惹得皇太后大怒，將他們殺了。於是下詔宣戰，命莊親王載勳為總統，統率官軍和拳眾，圍攻交民巷（即公使館地），拳眾披髮禹步，登屋號呼，聲動天地，圍攻月餘，不能攻下，反被公使館的礟火，死傷千餘人。拳眾又在京中，大肆劫掠，統兵官不能制止，王公大臣的家中，都被拳眾劫掠了。

戰事發生，日本首先和英國商同，出兵平亂，於是聯絡法美俄德奧意，一共八國聯軍，合攻天津，這時提督聶士成防守天津，盡力抵禦聯軍，但是士成前殺了許多拳黨，為拳眾所恨。一天，拳黨乘着士成正

在和聯軍酣戰的時候，擁入他的家中，將他的老母、妻子都捉去了。士成憤急極了，一面發部下去追攻拳眾，一面誓死衝入聯軍，身中數彈，腸裂而死。士成死後，天津就被聯軍攻陷了。聯軍又進攻楊村，直隸總督裕祿中彈殞命，聯軍破了楊村，就沿白河進河西務。清廷聽得北倉、楊村都被攻陷，便命李秉衡前往河西務視師，秉衡請帶拳眾三千同往，親自去拜別大師兄，拳眾都手持引魂旛、混天大旗、雷火扇、陰陽瓶、九連環、如意鈎、火牌、飛劍，叫做八寶，前後擁護着秉衡而行。秉衡到到河西務，就遇着聯軍，被聯軍打得大敗，全軍潰散。秉衡逃到通州，自己無面對得朝廷，便自盡了。聯軍就一直進攻北京，日本的決死隊，在朝陽門和東直門下，裝置炸藥，把電線做引導，兩門先後破裂，日軍好像潮水一般，湧進城中，各國的軍隊，相繼入城，皇太后和德宗慌忙出城逃走，經過太原，走到西安。其餘大臣官吏自己盡節死的很多，外兵又肆行劫掠，公私寶物和皇都數百年的精華，盡被外兵抄沒了。

聯軍破了北京後，俄國向中國表示好意，首先主張議和，後來經各國的贊同，由八國公使會議媾

和的條件，清朝派了慶親王奕劻和兩廣總督李鴻章為媾和全權大臣，在北京訂立條約，就是所稱的《北京條約》[42]。大要如下：

一　遣親王赴德謝殺使臣罪，且於遇害處立碑。

二　懲辦首禍諸臣，虐殺外人各地方，停考試五年。

三　日本書記被殺，派專使謝日廷。

四　各國墳墓被污或挖掘，各立碑雪侮。

五　二年內禁兵器彈藥及其原料入口。

六　中國皇帝，允付諸國償款海關銀四百五十兆兩。

七　劃使館區域，留衛兵保護，中國人不得入居之。

八　大沽至北京各礮臺，盡削平之。

九　承認各國佔領京師及天津山海關各處要塞。

我國喪失國權的條約，以此為第一。和議成功後，聯軍就退出北京，皇太后和德宗纔又回京來。但是這次禍亂，南方沒受影響，因為南方各督撫如劉坤一、李鴻章、張之洞、許應騤等，都不從詔命，禁止拳黨，並且和外國領事團訂立東南互保的條約，所以南方得保安然無事。

---

[42]　即《辛丑條約》，又稱《北京議定書》。

十九　中華民國的成立

　　清朝外交着着失敗，喪權辱國的條件也訂過好幾次，然而政治仍是腐敗，不肯改良，就有許多有志之士，一來為防救亡國的慘痛，二來不甘居於滿奴壓迫之下，便起來謀革命的運動。

　　康有為、梁啟超等的新派，也要算是當時的革命份子，但是他們的革命，是不徹底的，衹把君主專制改為君主立憲，縱使全們的革命成功，對於普通的小百姓，仍然得不到好處；然而他們的政策，衹經德宗皇帝信用了幾十天，就被孝欽太后所反對，新派份子殺的殺，逃的逃，所以當時的人民，見着滿清這樣的行為，就知道非徹底革命，是不足以求危亡的。於是革命的怒潮，便澎湃起來，結果，成立了中華民國。

　　國民黨總理孫中山先生便是當時革命運動的領袖，他生在廣東香山縣的翠亨村，少年時，聽得鄉

人談太平天國的故事，他便自負要做洪秀全第二，等他年已長成，見着滿清的政治腐敗，異常憤激，及中法戰敗以後，他就決定了顛覆清朝的志向，交結一些革命的同志，成立了興中會，專事鼓吹革命。在中日戰爭的一年，他和幾個同志，在廣州謀起事，事機不密，被官府先知道了，官府派人捕捉，有幾個同志被殺，他隻身逃脫，逃到英國的倫敦，又被清朝駐英公使龔照嶼的騙誘，引至公使署中，要秘密送回中國。正在危急的時候，恰有他在醫學校時的教師康得黎（英國人）知道這消息，忙報告英政府，說中國公使在倫敦逮捕人犯，違犯法律；於是中國公使纔把他釋放了。自此國中都知道孫文（中山名文）是一個革命黨的領袖；但是報上講到孫文，都要把「文」字旁加上三點水作「汶」，形容他和強盜亂賊一樣，以為這位姓孫的有什麼紅眉毛，綠眼睛，是最利害的公道大王。想不到他是美秀而文，真是不愧名「文」的。

中山走遍了歐洲、美洲、日本、安南，一面鼓吹革命，一面招納同志，這時清朝預備立憲，送了許多學生在外國留學。這些學生到外國，都贊成中

山的主張，因此他的同志就日益加多。於是把興中會的名目取消，在日本正式成立中國同盟會，入會的人，中國各省人都有，勢力便及於國內，而中山便為全國公認為革命領導人物，不像從前被國人所駭怕了。中山在這時就立定了三民主義，祇要看了同盟會員入會的時候親書的誓詞，便可知道。誓詞上寫的是：「具願書人某當天發誓，驅逐韃虜，恢復中華，創立民國，平均地權，矢信矢忠，有始有卒，倘有食言，任眾處罰。」由是派了會員回國，運動革命，一面聯絡新軍，一面聯絡會黨，在國內做過幾次轟轟烈烈的革命運動，都被清朝的勢力鎮壓住了，還犧牲了許多同志。但是他們的革命精神，不屈不撓，再接再厲，最後的黃花岡一役，損失尤其重大，馬上就促進了辛亥革命的成功。

黃花岡一役是革命黨人用盡全黨的人力和財力以圖大舉的。先在檳榔嶼決定了大計，由廣州發難，派了黃興、胡漢民等先赴香港組織統籌部。他們便運動了廣州的新軍，派定黨人八百人做先鋒隊，分為十路，約期三月十五日發難。後來因為官府把他們的秘密，都偵探出來了，廣州城內加緊

戒嚴，紛紛破獲革命黨的機關。黃興等受着這種激迫，便等不得佈置完備，臨時變更計劃，於三月廿九日發難，原定的先鋒隊十路，祇調齊了四路，黃興帶了一路先鋒隊，衝入督署，總督走後門逃出，黃興出了督署，又攻他所，忽遇防營將官溫帶雄帶了數百兵隊前來。這溫帶雄是已受了革命黨人的聯絡，並且得了革命黨的命令要他去捕捉總督的。因為表面還是官軍，便沒有佩帶革命黨的白布臂章。黃興的部下見了他們沒有臂章，不知是同黨，便向溫帶雄發槍，溫即倒斃，和防營的兵士大起衝突，黃興的部隊當被衝散，其餘三路也都失敗，黃興以孤身闖入一小店內，就於門際中射擊敵人，敵散後見自身衣上血跡模糊，纔發覺自己打斷三個指頭，轉輾逃走，幾天後纔逃到香港。這次黨員死了很多，頂有名的七十二人，盡葬在黃花岡。這是辛亥三月間事，不久，就有十月十日的武昌起義。

革命黨人自廣州失敗後，志氣頗為懊喪，但是到底不肯放鬆，振作精神，又謀向長江方面發展，尤其是注意武漢。便在武漢暗中設了許多機關，製造炸彈火藥，招納一些同志，在武漢的同志中，以

新軍的將官和兵士加入的為最多，黨務蓬蓬勃勃，有一日千里之勢，革命的空氣便異常濃厚，就定了陰曆八月廿五日起事。湖北官府也探得了革命黨的消息，便加緊戒嚴，忽然漢口租界中的黨人因製造炸彈失慎，炸藥爆發，巡捕聞聲齊來，捕去黨員二名；接着湖北官府又在漢口、武昌破獲幾處機關，捕捉黨員十餘人，還搜去革命文告和黨員名冊等件。這時革命黨的負責人員實不在武漢，又遇着這打擊，就想把革命的進行，暫行停止；但是湖北官府所搜去的黨員名冊中，多屬軍人，因此軍隊中的黨員，恐怕政府按名圍捕，人人自危。於是工程營左隊的熊秉坤，倡議即時發難，便於陰曆八月十九日（即陽曆十月十日）糾集軍中同志，猛撲楚望臺，佔領軍械局，輜重營由城外斬關而入，砲隊馬隊也都變動起來。湖北的督撫瑞澂和新軍統制張彪，以及文武大小官吏，都慌忙棄城逃走，武昌便為革命軍所有，漢口、漢陽也隨即為革命軍所佔領。

革命軍佔領武昌後，還沒有一個相當的首領；因新軍協統黎元洪為人謹厚，平素頗為士卒所愛服，便強迫擁戴他為中華民國軍政府革命軍鄂軍都

督。不到一個月，各省紛紛響應，宣告獨立，除直隸、河南、山東、東三省，尚受清政府的支配外，民軍已「三分天下有其二」了。

清朝見了革命軍的勢焰，便驚慌失措，要起用袁世凱做湖廣總督，兼辦勦匪事宜。這袁世凱是個奸惡的人，他見着清朝是不得不要請他出來，他便為自己的利益着想，故意推辭，使革命軍的勢力擴大，一方面藉此挾制清朝，取得軍政大權；一方面表示緩和，取得革命黨人的同情。他便逼着清朝立即改行立憲，成立責任內閣制。這時清朝被他玩弄在手掌裏，不得不承認，還授他為內閣總理大臣。他既得了大權，便把北洋的軍隊，盡拿在自己手裏，表面上出兵南下，攻打湖北，實在還是相機行事，務要取得中國，以便他來做皇帝。

這時北方的清朝所餘的領土，雖祇有直魯豫和東三省等地，但自袁內閣成立以後，已有一個大權獨攬的統合機關；南方革命軍雖已取得中國領土三分之二，還沒有一個統一的組織。於是獨立各省會議組織臨時政府，恰好南京正在這時為革命軍所克復，就議定以南京為臨時政府所在地；而革命的領

袖孫中山也在這時從海外到了上海，各省代表就舉定孫中山為臨時大總統。自此中國的重心，就在南方的臨時政府和北方的袁內閣，清朝是已經沒有說話的價值了。

臨時政府的人員，以為祇要推翻滿清，可以建設民主共和國，便把第一次大總統讓給袁世凱，也是情願的。在袁世凱的心裏雖不贊成共和，然而藉此可推倒滿清，自己攫得大總統地位後，再行為所欲為，又何樂而不為呢？兩方都有這種意思，就有許多政客出來奔走和議，果然和議的聲浪，漸趨成熟。於是南方派了伍廷芳，北方派了唐紹儀，在上海開和平會議。結果，成立中華民國，清朝皇帝自行退位，孫中山辭去臨時總統職，正式選舉袁世凱為大總統。

本來合議時是議定以南京為國都，袁世凱當選為大總統後，恐怕失去北方的系統，便背棄前議，仍然把北京為國都。

國民革命軍的北伐

　　中華民國成立以後，同盟會改稱為國民黨，本想和袁世凱同心合作，造成一個偉大燦爛的中華民國。不料袁世凱包藏着野心，圖謀他的帝制運動，對於國民黨加以十分的摧殘，派遣刺客把國民黨中的中堅份子宋教仁也刺殺了。自這宋案一出，國民黨和袁世凱便立於敵對地位，於是國民黨舉行第二次革命，興動江西南京的軍隊，出軍討袁，反被袁世凱的兵打得大敗，國民黨的重要人物，盡逃走海外，國內國民黨的機關，盡被袁世凱強迫解散了。孫中山又在海外組織中華革命黨，繼續和國內的軍閥奮鬥。

　　民國四年時，袁世凱的帝制運動成熟了，自稱中華帝國皇帝，定於民國五年一月一日即皇帝位。並改民國五年為洪憲元年。民黨要人蔡鍔，他從前做過雲南都督，這時被袁世凱軟禁在北京，他首先

贊成帝制，並且故意狂嫖闊賭，做成浪漫行為；袁世凱以為他是個浪漫青年，便不把他放在心上，監視也疏忽了；他便乘機逃出北京，袁世凱聽得蔡鍔逃走，嚇得非同小可，知道事情不妙。果然蔡鍔自京中逃出，便走到雲南，組織護國軍，宣佈雲南獨立，反對帝制，接着廣西、貴州、湖南、四川等省紛紛響應獨立，袁世凱正要稱帝為王時候，忽受了這一打擊，料想對敵不住，便自己撤銷帝制，廢止洪憲年號，自此袁世凱又羞又憤，不到幾個月，就急得病死了。

袁世凱死後，黎元洪接着做大總統，但是政權操在段祺瑞手裏。這段祺瑞是袁世凱的部下，他在北洋軍閥中資格很老，所以袁世凱一死，他便接着做了北洋軍閥的首領，招致一些黨羽，自成一派，稱為皖系。同時張作霖佔據奉天，擁有很大的軍權，也自成一派，稱為奉系。後來吳佩孚起來推翻段祺瑞，皖系的勢力，被吳佩孚所奪，於是吳佩孚又自造成一派，稱為直系。還有西南各省起了無數小軍閥，都是擁軍割據，北京政府的號令，不能出都門，徒擁着虛名罷了。這種混亂的局面，在中國

國民革命軍在廣州督師北伐

歷史上，恐怕要超過五代的混亂咧。

　　孫中山在海外見着國內軍閥專橫，把他所艱難締造的中華民國，鬧成中國歷史上唯一混亂的局面；他雖然痛心，仍然本着他的革命精神，要謀把中國的政治徹底改造。他便回到廣東，組織軍政府，被選為大元帥，於是出師北伐，由江西進攻，一直攻進了贛州，江西省城也震動起來，忽然他的部下陳烱明受了吳佩孚的運動，稱兵反叛，發兵圍攻軍政府，把房屋焚燒了，中山一生許多著作也被火焚，這是他所最痛心的事。中山無力抵抗，祇得逃避到軍艦上，等候北伐軍撤回，平定亂事，但是北伐軍又被陳烱明發兵攔阻，不能撤回，中山便走到上海。後來北伐軍得着滇軍和桂軍的援助，一同回攻廣東，把廣州攻破了，陳烱明退保惠州，中山纔得又回到廣州，重行建立大元帥府。

　　這時的軍閥，以吳佩孚的勢力最大，他連把張作霖打敗，使張作霖縮居東三省，不敢入關一步，其餘的小軍閥，自然唯唯聽命，所以他的勢力，足以左右全國，他便擁戴曹錕做北京政府的大總統。這時廣州的軍政府祇擁着廣州一隅，要和挾着直系

軍閥勢力的北京政府對敵，真是有些為難。所以中山便用出他的革命手段。

在民國十二年，中山把中國國民黨重新改組，統一黨的組織，寫出黨的政策，實行以黨專政。還派了蔣中正到蘇俄，考察赤衛軍的組織和共產黨的紀律。等到蔣回國後，就命蔣辦理黃埔軍官學校，革命軍的基礎，就從此確定，後來革命事業的發展，都是得力在此處，一面又和蘇俄聯絡，並允許共產黨員加入中國國民黨，從此黨的進展，真是一日千里，革命的空氣，便瀰漫了廣東。

這時曹錕做了總統後，奉直的戰事又起，吳佩孚親率了大軍，正在榆關前線和奉軍決戰。馮玉祥是直系的第三軍總司令，擔任熱河方面的軍事，忽然倒戈相向，秘密開拔回京，一面攻打吳佩孚的後路，一面逼迫曹錕退職，結果，吳佩孚打得大敗，逃避到南方去了，曹錕也自行退職。曹錕退職後，政府沒有人負責，就由馮玉祥和張作霖等共推了段祺瑞出來，執行政事，組織執政政府。段執政登臺後，便主張召集國民代表會議，還電召中山入京商議。本來對內召開國民會議，對外取消不平等條

約，是中山素來的主張，所以他接到此電時，已經生了病，還要扶病入京，想貫徹他的主張。

中山到了京中，他的主張又不能為段祺瑞所容納，而且病又一天天加劇，延至十四年三月十二日，就在北京逝世。中山死後，喪儀極為隆重，國民黨員便趁了這機會，盡力宣傳中山的主張，因此國民黨的主義，便深深地印入北方民眾的腦海中了。

中山死後，他的黨徒們因為失去了革命的導師，都感覺着異常的沉痛！但是當時反革命勢力，也因着中山之死，想乘着這個機會，節節向着革命勢力進攻，由是反促成了革命份子之精神團結，和中國國民黨黨員們之動力奮鬥，在同年六月初間，廣州的中央執行委員會，便定了一個很嚴重的決議案，大意是：想整頓中國，必先整頓廣東，要整頓廣東，又非要實行軍事統一，民政統一，財政統一，軍需獨立，和各軍都須受黨的政治訓練不可！自從這個方法一一實行，黨的力量一日見充實和龐大；所以不到好久，首先便消滅了廣東內部勾結帝國主義和反動派的兩個軍閥楊希閔與劉震寰，隨後黨軍又攻下了惠州，把反動軍閥陳烱明的殘餘

勢力，徹底肅清，從此廣東便完全統一了。那時國民政府在中國國民黨領導之下，關於政治經濟文化上，着實有了不少的建樹，民眾對於他們的信仰，也一天天的增加起來，不論男女老幼都相率願為國民革命的後盾，這樣的革命高潮，真可謂是空前所未有咧！所以他們到了次年（十五年）六月六日，國民政府軍事委員會，便委任蔣中正為國民革命軍總司令，蔣於七月九日，就職誓師以後，即於二十七日下令北伐。

那時正值北京執政府的段祺瑞，被鹿鍾麟所驅逐逃匿天津，吳佩孚又從南方興起，事後入京與張作霖合作，以致北京的政權由吳佩孚、張作霖兩個軍閥所左右。而吳張對於後繼政府的人選問題又互相水火，結果雖經張氏讓步，准許顏惠慶一度稱閣，但顏氏即辭職，並任命海軍總長杜錫珪兼代國務總理攝政，從此攝政府更無形消滅。而當時國內軍閥，在北京的空頭政治底下，便形成了三大勢力：如直系的吳佩孚據有鄂豫兩省，並直隸保定大名一帶的地盤，孫傳芳據有蘇、浙、閩、皖、贛五省，奉系的張作霖佔有東三省和山東、直隸等處。

他們眼見着南方革命勢力之崛起，雖然在表面上，不能不有相當的聯絡，但為個人權利和地盤思想所控制，骨子裏依然是同床異夢積不相能。革命軍看透了他們的內幕，仍採用各個擊破的戰略。

於是國民革命軍分三路出發，一路進取福建，一路沿湖南、廣東邊境向江西方面警戒，其主力軍則由湖南直搗武漢，那時革命軍所到之處，不拉夫、不籌餉、不住民房，因此受各地民眾熱烈的歡迎，尤其是農工群眾，都歡天喜地自動的幫助革命軍，輸送子彈粮秣，當偵探，做嚮導，革命軍得着這樣大的助力，不到幾個月便佔領了武昌、漢口，吳佩孚的勢力根本動搖，隨即攻佔南昌，給孫傳芳一個絕大的打擊，於是中央黨部和國民政府都由廣州遷到武漢，翌年三月又攻破了南京，蔣中正便在南京另組中央黨部和國民政府，由是形成了寧漢對峙的局面。但在寧漢分立的期內，寧漢兩方都仍向北進攻，孫傳芳退往江北，吳佩孚亡命豫西，馮玉祥和閻錫山都變成了國民革命軍。到八月間，寧漢兩方實行合作，合組統一政府，武漢的中央黨部和國民政府，都歸併於南京。十七年，蔣中正又帶兵

北伐，佔領山東，孫傳芳作了亡命之客，張作霖也慌得由北京退回奉天，在路中遇炸死了。張作霖的兒子張學良，不久也歸順了國民革命軍，從此北洋軍閥，盡被國民革命軍打倒了。於是青天白日的旗幟，插遍了中華民國，在國民黨領導之下，完成統一。